Angela Mackert

Astrologie-Ausbildung

Band 10 einer Reihe

Combin und Composite

Bibliografische Information der Deutschen Nationalbibliothek
Die Deutsche Nationalbibliothek verzeichnet diese Publikation in der Deutschen Nationalbibliografie; detaillierte bibliografische Daten sind im Internet über http://dnb.d-nb.de abrufbar.

Inhalt

FSC
www.fsc.org
MIX
Papier aus ver-
antwortungsvollen
Quellen
Paper from
responsible sources
FSC® C105338

Vorwort

Dieser zehnte Band der Reihe »Astrologie-Ausbildung« beschäftigt sich mit dem Thema: »Combin und Composite«.

Die Deutung baut auf den Kenntnissen auf, die Sie sich in Band 1-9 der Reihe erworben haben. So, wie Sie es von mir gewohnt sind, wird auch dieses Thema praxisorientiert vermittelt. Der Vergleich Ihrer Übungen mit meinen Deutungen hilft Ihnen, Sicherheit für Ihre Horoskopdeutung zu gewinnen. Schritt für Schritt kommen Sie so an das Ziel dieses Astrologielehrgangs: die astrologische Deutung der Energie und des Potenzials einer zwischenmenschlichen Beziehung.

Einleitung

Der Inhalt dieses Buches ist aufgrund meiner langjährigen Erfahrung als Astrologielehrerin nach einer bestimmten Ordnung aufgebaut. Ich empfehle Ihnen daher, die Themen der Reihe nach durchzuarbeiten und sich auch Zeit dafür zu lassen. Ihr Unterbewusstsein hat so eine bessere Möglichkeit, die Informationen zu verarbeiten und der Lernerfolg ist höher.

Im Kapitel: »Das Composite« ab Seite 13 geht es um die Berechnung eines Halbsummenhoroskops auf Grundlage der Radixe zweier Personen und der Deutung dieses neuen Horoskops auf das Paar.

Ab Seite 33 wird das Combin vorgestellt, die Berechnung wird erklärt und danach geht es ab Seite 40 im Kapitel »Die Deutung des Combin« um den praktischen Umgang mit diesem Horoskop.

Wie Sie es schon aus den vorhergehenden Bänden gewohnt sind, haben Sie auch bei diesen beiden Themen die Möglichkeit zu eigenen Deutungsübungen, die sie im Anschluss mit meiner Deutung vergleichen können.

Ab Seite 53, im Kapitel »Hans und Hanna«, erzähle ich Ihnen ein wenig aus dem Leben der beiden Menschen, die uns über die gesamte Ausbildungsreihe begleitet und ihre Horoskope zur Verfügung gestellt haben. Dies können Sie nutzen, um die Deutungen noch einmal am »realen« Leben nachzuvollziehen.

Zum Abschluss finden Sie ab Seite 56 »Hinweise für Beratungsübungen« und im Anhang ab Seite 59 Tabellen mit Deutungsstichworten, die Sie bei Bedarf für ihre Übungen heranziehen können.

Jetzt kann es auch schon losgehen. Ich wünsche Ihnen viel Freude und Erfolg mit diesem Astrologielehrgang.

Combin und Composite

Beispiel-Horoskope für die Deutungsübungen

Für unsere Übungen in diesem Buch benutzen wir die Radix-Zeichnungen, Composite und Combin von Hans und Hanna

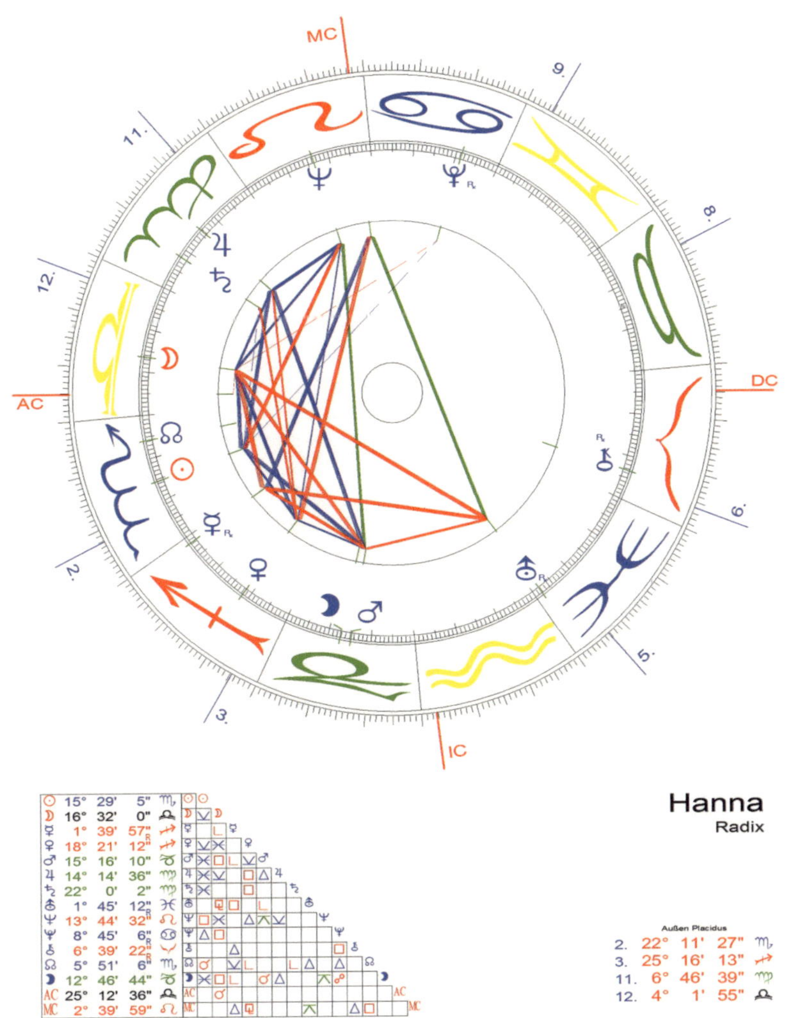

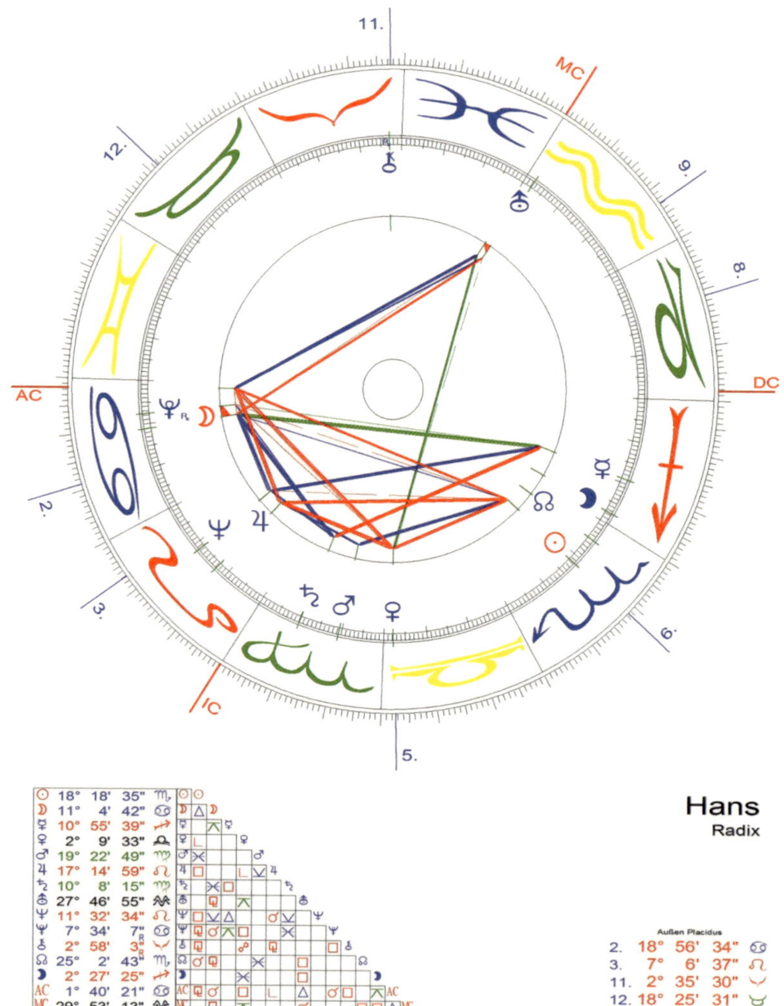

☉	18°	18'	35"	♏
☽	11°	4'	42"	♋
☿	10°	55'	39"	♐
♀	2°	9'	33"	♎
♂	19°	22'	49"	♍
♃	17°	14'	59"	♌
♄	10°	8'	15"	♍
♅	27°	46'	55"	♒
♆	11°	32'	34"	♌
♇	7°	34'	7"	♋
☊	2°	58'	3"	♈
☋	25°	2'	43"	♏
☽	2°	27'	25"	♐
AC	1°	40'	21"	♋
MC	29°	53'	13"	♒

Hans
Radix

Außen Placidus

2.	18°	56'	34"	♋
3.	7°	6'	37"	♌
11.	2°	35'	30"	♈
12.	18°	25'	31"	♉

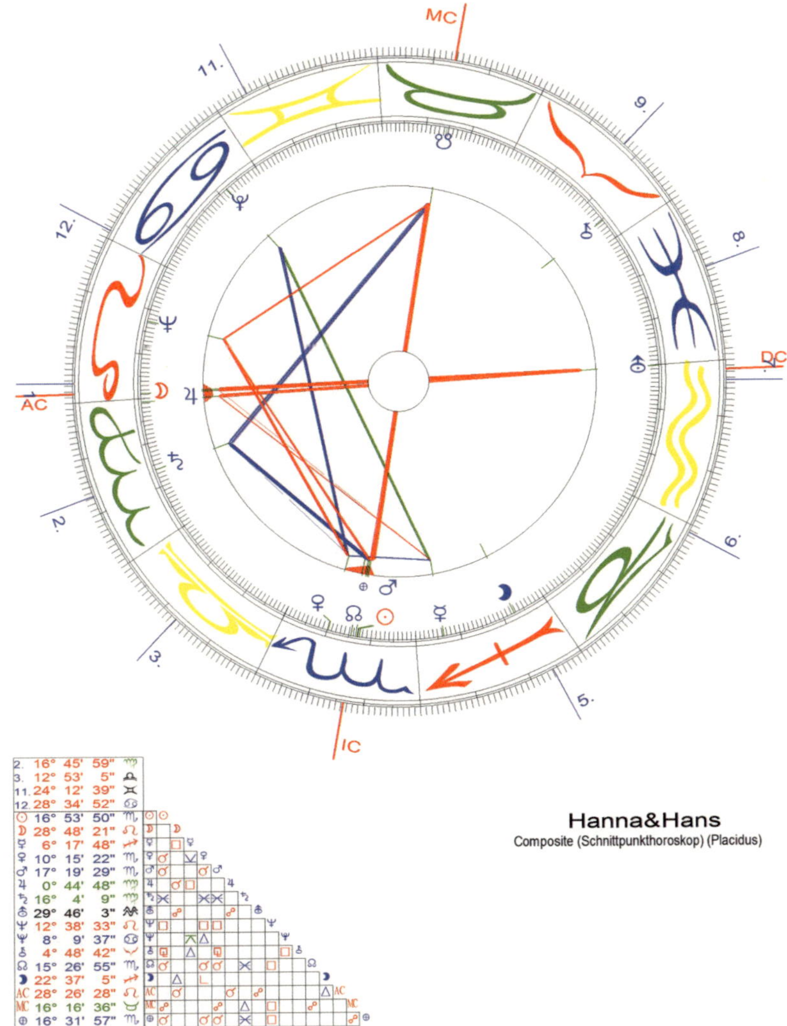

Hanna&Hans
Composite (Schnittpunkthoroskop) (Placidus)

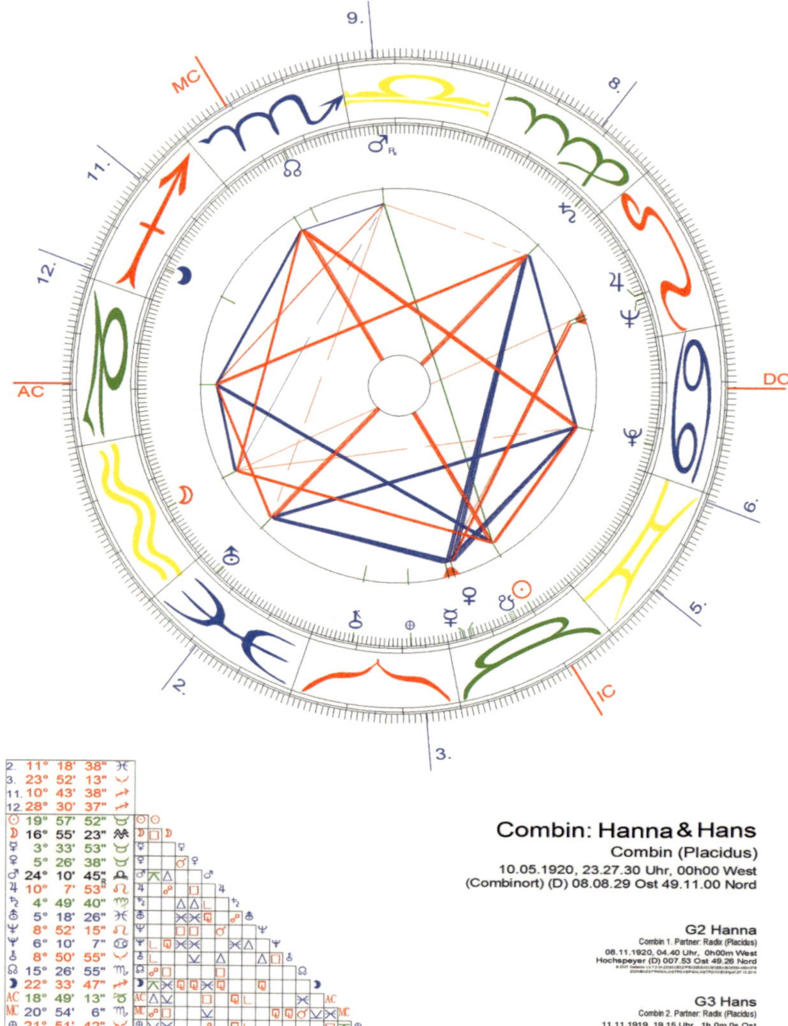

Combin: Hanna & Hans
Combin (Placidus)
10.05.1920, 23.27.30 Uhr, 00h00 West
(Combinort) (D) 08.08.29 Ost 49.11.00 Nord

G2 Hanna
Combin 1. Partner: Radix (Placidus)
08.11.1920, 04.40 Uhr, 0h00m West
Hochspeyer (D) 007.53 Ost 49.26 Nord

G3 Hans
Combin 2. Partner: Radix (Placidus)
11.11.1919, 19.15 Uhr, 1h 0m 0s Ost
Ettlingen (D) 008.24 Ost 48.56 Nord

Allgemeines über das Composite und das Combin

Das Composite und das Combin sind Techniken, die wir zusätzlich zur Synastrie nutzen können, um die Beziehung zweier Menschen tiefergehend zu analysieren.

Üblicherweise wird das Composite vor allem bei Paaren angewandt. Es spiegelt die Energie und das Potential des Zusammentreffens zweier Menschen. Das Composite ist jedoch kein echtes Radix, sondern ein sogenanntes Halbsummenhoroskop. Man könnte auch sagen, dass das Composite eine Liste von sensitiven Punkten ist. Angenommen, wir möchten zum Beispiel die Composite-Sonne errechnen, dann nehmen wir die Sonne des einen Partners, addieren sie mit der Sonne des zweiten Partners und teilen das Ergebnis durch zwei. Dies macht man mit allen Planeten sowie dem MC und ermittelt dadurch die Halbsumme, also einen Punkt im Tierkreis, der zu jedem der beiden Radix-Planeten im gleichen Abstand steht. Die genaue Berechnung eines Composite machen wir nachher.

Der Sinn, der hinter dieser Technik steht, ist folgender:

Wenn dieser Halbsummenpunkt aktiviert wird, zum Beispiel durch einen Transitplaneten, dann wird dadurch der Planet des einen Partners in Schwingung versetzt als auch der Planet des anderen Partners.

Wenn zwei Menschen zusammenkommen, dann entsteht dadurch eine dritte eigenständige Energie und Dynamik. Den Unterschied kann man oft deutlich feststellen, wenn man einen Menschen, der in Beziehung lebt, alleine trifft und ein andermal zusammen mit seinem Partner.

Die Konstruktion eines Composite mag nicht jeden Astrologen ansprechen. Man sollte es aber ausprobieren und dann entscheiden, ob man es zukünftig benutzen will oder ob man mit anderen Techniken mehr anfangen kann.

Die unbestrittene Autorität in der Technik des Composite ist der Astrologe Robert Hand. Auf sein Standardwerk zum Thema wird im Anhang hingewiesen.

Das Combin ist im Gegensatz zum Composite ein echtes Radix. Folglich kann man hier auch alle üblichen Techniken für die Zeitanalyse anwenden, die auch beim Radix angewandt werden.

Das Combin wurde in Österreich erstmals vorgestellt. Als Entdecker dieser Methode gilt Heinrich Schiffmann. Combin als auch das Composite sind etwa seit 1972 in praktischer Forschung und Anwendung.

Auch für das Combin gibt es weiterführende Literatur, auf die im Anhang hingewiesen wird.

Das Combin wird üblicherweise für verbindliche Partnerschaften gedeutet und ist deshalb auch gut geeignet für Eltern/Kind Beziehungen.

In vielen Fällen ähnelt das Combin dem Composite, trotzdem ist es ein eigenständiges Horoskop. Es setzt im Leben der Partner bestimmte Akzente. Beide Techniken, Combin und Composite können die Aussagen aus der Synastriedeutung (Astrologie-Ausbildung, Band 8) ergänzen und erweitern. Die Synastrie ist jedoch Grundbedingung bei der Partnerschaftsdeutung und sollte nicht durch diese Techniken ersetzt werden.

Für die in diesem Lehrbuch beschriebene Berechnung von Combin und Composite brauchen Sie folgende astrologische Tabellenwerke:

Die globalen Häusertabellen

The New International Ephemerides 1900-2050

Wenn Sie diese Tabellenwerke noch nicht haben, finden Sie im Anhang die Titel und ISBN, so dass Sie sich diese Tabellenwerke in jeder Buchhandlung besorgen können.

Ein gutes Computer-Berechnungsprogramm nimmt Ihnen die Berechnung natürlich ab. Wenn Sie jedoch die Astrologie ernsthaft ausüben möchten, dann ist es auch wichtig, die Hintergründe dieser Berechnung zu verstehen, und ich möchte Ihnen empfehlen, dies zumindest einmal »von Hand« zu machen. Im Anhang ist ein leerer Horoskopkreis, den Sie für Ihre Handzeichnungen kopieren dürfen.

Das Composite

Die Berechnung des Composite

Wie schon gesagt: Gute astrologische Computerprogramme rechnen uns zwar in der Regel auch ein Composite oder ein Combin aus. Ein Astrologe muss aber auch wissen, was da berechnet wird und wie es gerechnet wird. Dabei ist die Berechnung des Composite im Prinzip recht einfach – Zusammenzählen und Teilen.

Für die Planetenberechnung werden die Tierkreisgrade der Planetenstellungen in absoluter Länge gerechnet. Für die Häuserangaben brauchen wir nach der Berechnung des MC das Tabellenwerk: »Die globalen Häusertabellen« und müssen dort nur noch ablesen.

Der gesamte Tierkreis hat 360° (das ist die absolute Länge des gesamten Tierkreises) und er beginnt ab 0° Widder. Jeder Tierkreisabschnitt hat 30°. Angenommen, ein Planet steht auf 15° Stier und wir wollen wissen, wie viel Grad das in absoluter Länge sind, dann rechnen wir die 30° Widder + 15° Stier und kommen für diesen Planeten auf 45° absoluter Länge.

Es erleichtert die Rechnung, wenn wir uns die einzelnen Tierkreisabschnitte gleich zu Anfang in absoluter Länge vorstellen. Das sieht dann so aus:

Tierkreiszeichen	Absolute Länge
0° Widder	0°
0° Stier	30°
0° Zwillinge	60°
0° Krebs	90°
0° Löwe	120°
0° Jungfrau	150°

0° Waage	180°
0° Skorpion	210°
0° Schütze	240°
0° Steinbock	270°
0° Wassermann	300°
0° Fische	330°

Von 0° Fische (330° absolute Länge) bis zum Ende des Tierkreises bei 30° Fische bzw. 0° Widder haben wir dann die Gesamtlänge des Tierkreises von 360° erreicht.

Wenn wir die Position eines Planeten im Composite ausrechnen wollen, dann brauchen wir: Planet von Person A in absoluter Länge und den gleichen Planeten von Person B ebenfalls in absoluter Länge. Die Gradzahlen der beiden Planeten in absoluter Länge werden zusammengezählt und danach durch zwei geteilt. Dadurch erhalten wir die Position des Composite Planeten in absoluter Länge, die wir dann nur noch in den entsprechenden Tierkreisgrad eintragen müssen.

Wichtig:
Es werden immer die gleichen Planeten für die Rechnung herangezogen, also beispielsweise Sonne von Partner A und Sonne von Partner B für die Berechnung der Composite Sonne. Mond von Partner A und Mond von Partner B für die Berechnung des Composite Mond, und so weiter.

Wir gehen gleich in die Praxis und üben mit den Beispielhoroskopen von Hans und Hanna (Seite 7 und 8) die Berechnung der Compositeplaneten. Wir rechnen alle Planeten und den MC aus. Zur Gradzahl der einzelnen Planeten wird die 0° Position des entsprechenden Tierkreiszeichens dazu gerechnet und schon haben wir die Planetenposition in absoluter Länge.

Nehmen wir zuerst die Sonne von Hanna und Hans und errechnen daraus die Compositesonne für beide. Die Sonne von Hanna steht auf 15°29' Skorpion – die Bogensekunden wurden abgerundet. 15°29' + 210° (absolute Länge für 0° Skorpion) = 225°29' absolute Länge. Die Sonne von Hans steht auf 18°19' Skorpion. 18°19' + 210° (absolute Länge für 0° Skorpion) = 228°19' absolute Länge.

225° (Sonne Hanna) + 228° (Sonne Hans) = 453°. Dazu die Bogenminuten von Sonne Hanna 29' + von Sonne Hans 19' = 48', ergibt gesamt: 453° 48'. Das teilen wir jetzt durch zwei, zuerst: 48' : 2 = 24'. Die Gradzahl 453 : 2 = 226°30' (die Bogenminuten ergeben sich, weil bei der Teilung ein Rest von 1° übrig bleibt. 1° entspricht 60', 60 :2 = 30'). 226°30' + 24' = 226°54'

Das müssen wir jetzt wieder auf den Tierkreis übertragen: 226° 54' – 210° (absolute Länge von 0° Skorpion) = 16° 54' Skorpion für die Compositesonne von Hans und Hanna.

Wenn wir jetzt vergleichen mit dem Composite Ausdruck auf Seite 7, dann sehen wir, dass wir richtig gerechnet haben. Es ist zwar eine kleine Abweichung da, die Compositesonne auf dem Ausdruck ist auf 16° 53' 50" Skorpion. Dies hat aber damit zu tun, dass wir die Bogensekunden aufgerundet haben. Für die Deutung ist eine so geringe Abweichung unerheblich.

Übung Nr. 1

Rechnen Sie jetzt den gemeinsamen Mond (Hannas Mond 16°32' Waage und Hans' Mond 11° 05' Krebs), und das gemeinsame MC von Hans (29°53' Wassermann) und Hanna (2°40' Löwe) aus.

Vergleichen Sie auf Seite 16, ob Sie richtig gerechnet haben.

Machen Sie das ausnahmsweise nicht direkt im Buch, sondern benutzen Sie dazu ein extra Blatt Papier.

Vergleich Ihrer Übung Nr. 1 (Seite 15)

Compositeemond von Hans und Hanna:
Mond Hanna = 196° 32'
Mond Hans = 101° 05'
$$\overline{297°\ 37'}$$

297 : 2 = 148°30'
37' : 2 =   19' (aufgerundet)
$$\overline{148°49'}$$

148°49' liegt zwischen Löwe (120°) und Jungfrau (150°), deshalb:
148°49' – 120° (0° Löwe in absoluter Länge) = 28°49' Löwe. Der
Compositemond steht also auf 28°49' Löwe.

Composite MC von Hans und Hanna:
MC Hanna = 122°40'
MC Hans = 329°53'
$$\overline{452°33'}$$

Achtung:
40' und 53' = 93 '; 1° entspricht 60'. Wir müssen also von den 93'
60' abziehen, so dass 33' stehen bleiben und dafür 1° zu den
Gradzahlen übertragen, so dass dann 452° heraus kommt.

452° : 2 = 226°
33' : 2 =   17' (aufgerundet)
$$\overline{226°17'}$$

226°17' – 210° (0° Skorpion in absoluter Länge) = 16° 17' Skorpion. Der Composite MC von Hans und Hanna steht also auf
16° 17' Skorpion

So, und jetzt haben wir ein anderes Ergebnis als die Ausrechnung vom Computer. Da steht nämlich 16° 16' 36" Stier.

Das hat folgenden Grund: Bei der Rechnung geht man immer von der kürzeren Distanz aus.

Der Abstand der beiden MCs von Hanna und Hans von 2° 40' Löwe zu 29° 53' Wassermann ist größer als der Abstand von 29° 53' Wassermann zu 2° 40' Löwe.

Da immer die kürzere Distanz genommen wird, müssen wir die errechneten 15° 05' Skorpion in das gegenüberliegende Zeichen Stier austauschen. Das dem Skorpion gegenüberliegende Zeichen Stier befindet sich nämlich auf der Strecke zwischen Wassermann und Löwe, also auf der kürzeren Distanz dieser beiden Zeichen.

Der Composite MC von Hans und Hanna ist also auf 16° 17' Stier.

Jetzt gibt es bei der Berechnung des Composite noch ein Problem: Merkur und Venus sind ja immer nahe bei der Sonne, denn dieses Trio bewegt sich gemeinsam fort. Merkur und Venus können also niemals zur Sonne in Opposition stehen. Bei der Berechnung des Compositemerkur und der Compositevenus könnte es aber passieren, dass sich eine Opposition von Sonne und Venus oder von Venus und Merkur bildet. Immerhin können ja auch die Sonnen der Partner weit auseinander liegen, z.B. fast in Opposition und damit ebenfalls Merkur und Venus.

Das Problem hat man so gelöst, dass man dann hierfür den näher an der Compositesonne stehenden Punkt nimmt. Bei einer Compositesonne in Jungfrau und einer errechneten Compositevenus in Wassermann würde man demzufolge also die Compositevenus in ihrem gegenüberliegenden Zeichen Löwe platzieren.

Diese Konstruktionen bei der Rechnung sind natürlich etwas, was den einen oder anderen Astrologen von der Arbeit mit Compositen abhalten könnte. Aber es gibt andererseits genügend Astrologen, die mit dem Composite – so künstlich es auf den ersten Blick erscheinen mag – hervorragende Deutungsarbeit leisten.

Machen Sie Ihre eigenen Erfahrungen. In der Astrologie ist es immer auch wichtig, dass man ausprobiert. Es gibt unzählige Deutungstechniken, aber nicht jede ist für jeden geeignet. Doch erst, wenn man sie ausprobiert und genügend getestet hat, weiß man, wie gut man mit einer bestimmten Technik arbeiten kann.

Jetzt arbeiten wir aber weiter an unserer Berechnung. Nachdem alle Planeten und der MC ausgerechnet sind, werden die Häuser berechnet, beziehungsweise im Tabellenwerk gesucht.

Den MC 16° 17' Stier haben wir schon ausgerechnet. Diesen suchen wir jetzt in der Häusertabelle.

In dem Buch »die globalen Häusertabellen« finden wir auf Seite 82 den MC auf 16° 28' 01" Stier. Dieser Grad liegt am nächsten dem ausgerechneten MC von 16° 17.

Jetzt brauchen wir noch die geografische Breite des Ortes, an dem die Beziehung gelebt wird (gemeinsamer Wohnort oder bei Fernbeziehungen der Ort, an dem man sich üblicherweise trifft).

In unserem Beispiel haben wir eine geografische Breite von 49°. In der Tabelle auf S. 82 suchen wir jetzt in der ersten Spalte nach der Zahl 49 (die geografische Breite des Beziehungsortes) und lesen dann da die Häuserspitzen ab:

Haus 11: 24° 25' Zwillinge
Haus 12: 28° 46' Krebs
AC: 26° 41' 50" Löwe
Haus 2: 16° 55' Jungfrau
Haus 3: 13° 04' Waage

Wenn wir diese Werte mit dem Composite Ausdruck auf Seite 9 vergleichen, dann sehen wir geringe Abweichungen von diesen Computerwerten von durchschnittlich etwa 20' Bogenminuten. Dies kann toleriert werden.

Wer es so genau gerechnet haben möchte wie im Computerausdruck, der müsste die Werte interpolieren, was wir aber jetzt nicht machen. Interessierte finden die Anleitung zur Interpolation in den »globalen Häusertabellen«.

Der AC aus unserer Tabelle (26°41'50" Löwe) entspricht dem 1. Haus, das in unserem Beispielausdruck mit einem blauen Strich und der Zahl 1 kurz vor dem AC liegt.

Robert Hand, eine Autorität auf dem Gebiet des Composite, errechnet darüber hinaus noch den AC Wert auf die gleiche Weise wie die Planeten (AC Person A + AC Person B geteilt durch 2) und trägt diesen extra in die Horoskopzeichnung ein.

Der Composite-Computerausdruck für unser Beispiel wurde nach den Regeln von Robert Hand berechnet.

Die Deutung des Composite

Das Composite ist eigentlich eine Liste von sensitiven Punkten die wir für die Partner errechnet haben – die Halbsummen – und kein neues Radix. Dies müssen wir bei der Interpretation beachten.

Ein Composite können wir erstellen und deuten für:
Liebespaare
Freunde
Geschäftspartner
Teams und Gruppen mit mehreren Personen

Wenn ein Composite für ein Team, bzw. eine Gruppe von mehreren Personen erstellt werden soll, dann werden die entsprechenden Planeten aller Personen addiert und durch die Gesamt-Personenzahl geteilt.

Bei einem Team von 5 Personen addiert man beispielsweise die Sonnen von allen 5 Personen und teilt dann durch 5, um die Compositesonne für diese Gruppe zu erhalten. Das Composite zeigt dann die Dynamik dieser Gruppe.

Für Eltern/Kind Beziehungen erstellen wir in der Regel kein Composite sondern immer ein Combin. Dies hat damit zu tun, dass ein Composite eher für noch unverbindliche Beziehungen gedeutet wird. Eine Eltern/Kind Beziehung ist jedoch niemals unverbindlich – aus energetischer Sicht können weder Kind noch Eltern die Beziehung aufkündigen.

Bei der Deutung eines Composite müssen wir folgendes beachten:

1. Die Planeten werden gedeutet im Haus und mit Aspekten (Orbis bis 5°). Die Zeichenstellung der Planeten ist unerheblich und wird nicht in die Deutung mit einbezogen, da es ja keine realen Planetenstellungen sind.
2. Die Planeten werden umgedeutet auf das Paar, bzw. bei mehreren Personen auf die Gruppe.

Bei der Deutung der einzelnen Planeten sollten wir uns bewusst sein, dass die entsprechende Energie für das Paar (die Gruppe) gilt, also für beide (alle) Personen gemeinsam. Wir übersetzen also die Planeten im Composite so:

Sonne	Der Selbstausdruck als Paar, die gemeinsamen Ziele.
Mond	Die Gefühlsthematik des Paares, die Gewohnheiten des Paares.
Merkur	Die Gesprächsthematik, die Ausdrucksweise des Paares.
Venus	Die Vorlieben des Paares, Wertempfinden und Harmoniebedürfnis des Paares.
Mars	Die Durchsetzung des Paares, der gemeinsame Krafteinsatz und Zielstrebigkeit.
Jupiter	Das Glücksempfinden des Paares, gemeinsames Wachstum und Weiterentwicklung für das Paar.
Saturn	Die Lernaufgabe der Beziehung, die gemeinsame Struktur, Beständigkeit und Ausdauer, die das Paar braucht.
Uranus	Die Flexibiliät und den Freiraum die das Paar braucht, das Individualitätsstreben des Paares.
Neptun	Die Ideale des Paares, die Sensibilität und Empfänglichkeit des Paares.
Pluto	Die Machtthematik des Paares, die Wandlungsprozesse und Veränderungsthematik der Beziehung.
Aufsteigender Mondknoten	Die Entwicklungsmöglichkeit des Paares im psychischen und spirituellen Sinn .
Chiron	Die Verwundbarkeit des Paares, der empfindlichste Punkt des Paares.

Die Häuser, in denen diese Planeten stehen zeigen die Lebensbereiche des Paares, in denen die Planetenthemen ihre stärkste Wirkung entfalten. Bei Gruppen gilt diese Thematik für alle.

Natürlich müssen auch die Häuser auf das Paar (oder die Gruppe) umgedeutet werden:

Haus 1	Das gemeinsame Auftreten des Paares.
Haus 2	Das gemeinsame Sicherheitsthema, Wertmaßstäbe.
Haus 3	Der geistige Austausch, die Kommunikation des Paares.
Haus 4	Das Zuhause, die emotional geprägten Wurzeln der Beziehung.
Haus 5	Die Natürlichkeit, der persönliche Ausdruck in der Beziehung, das Zusammenspiel der Individualität beider – evtl. die Kinderthematik.
Haus 6	Die gemeinsamen Verpflichtungen, der gemeinsame Alltag und Routine, die Gesundheitsthematik ist in der Regel von untergeordneter Bedeutung.
Haus 7	Die Vertrautheit des Paares, das „Wir"-Empfinden des Paares.
Haus 8	Die Bedeutung der Beziehung für beide Partner im Sinne von Transformation und Veränderungsprozessen, evtl. die gemeinsame Sexualität.
Haus 9	Das intellektuelle (gegenseitige) Verständnis des Paares, die gemeinsame Weltsicht des Paares.
Haus 10	Das gemeinsame Zielbewusstsein, die Realisierung von gemeinsamen Zielen, die Bedeutung von Beruf und Ansehen in der Beziehung.

Haus 11	Die freundschaftliche Verbundenheit des Paares.
Haus 12	Die psychische Ebene des Paares, die unbewussten Mechanismen des Paares, die Verdrängungen des Paares.
Composite AC	Der Composite AC steht aufgrund der Berechnung nicht immer beim 1. Haus, sondern kann überall zwischen dem 11. und 2. Haus platziert sein. Eine Konjunktion oder Opposition von Planeten zum Composite AC verstärkt den Einfluss des entsprechenden Planeten.

Die Aspekte im Composite:

Die Aspekte sind die gemeinsame Dynamik des Paares. Hier können wir auch darauf achten, ob es eine Rollenverteilung gibt, in der ein Partner den 1. Planeten repräsentiert und der zweite Partner den 2. Planeten. Im Falle einer Rollenverteilung könnte ein Compositeaspekt von Mars und Saturn beispielsweise so erlebt werden: Der eine Partner sagt aus der Sicht von Mars heraus: »Ich will ja, dass wir mehr unternehmen, aber mein Partner blockt alle Initiativen ab.« - und der andere Partner sagt aus Sicht von Saturn heraus: »Ich brauche eben meine Zeit, um mich auf eine Sache einstellen zu können. Aber bei ihm/ihr muss alles sofort sein, er/sie überfällt mich regelrecht mit seinen/ihren Aktionen.«

Durch diese Beziehung kann jedoch der Mars-Partner lernen seine Aktionen gründlicher vorzubereiten und geduldiger zu werden und der Saturn-Partner kann lernen, spontaner zu werden.

Die herausfordernden Aspekte (Oppositionen und vor allem Quadrate) können als gemeinsame Aufgabe betrachtet werden. Eventuell kann die Entsprechung des Aspekts auch außerhalb der Beziehung gefunden werden, so dass der Konflikt entschärft wird. Beispiel: Composite Sonne Quadrat Uranus – jeder der

Partner könnte sich neben dem Beziehungsleben auch einem eigenen Interessengebiet zuwenden, Freizeit auch einmal ohne den Partner verbringen, sodass die Partnerschaft eher mehr Anregung erhält, statt Aufregung durch die Gefahr, dass einer der Partner (oder beide) aus Langeweile immer wieder über die Stränge schlägt.

Bei den herausfordernden Aspekten sind auch Projektionen möglich, sodass beispielsweise. die Schwiegermutter ins spe oder die Kinder eines Partners Planetenrollen aus dem Composite übernehmen. Am ehesten könnte so etwas bei Saturnthemen passieren.

Wichtig - Wiederholungsaspekte beachten!

Welche Compositeaspekte kommen auch in den beiden Radixen vor? Wenn ein Wiederholungsaspekt vorhanden ist, greift dieser das entsprechende Thema aus dem Geburtshoroskop auf, sodass dies in der Beziehung von besonderer Bedeutung ist.

Das Composite kann auch aus dem Blickwinkel der einzelnen Partner gesehen werden. Dabei repräsentiert das 1. Haus den älteren Partner und das 7. Haus den jüngeren Partner. Das 7. Haus ist somit gleichzeitig das 1. Haus des jüngeren Partners.

Die praktische Vorgehensweise bei der Deutung des Composite:
1. Achten Sie zuerst auf Wiederholungsaspekte (Aspekte, die auch im Radix eines Partners vorhanden sind), um zu sehen ob ein Radixthema angesprochen wird.
2. Betonte Häuser – wird ein Häuserthema durch mehrere Planeten angesprochen? Welcher gemeinsame Lebensbereich wird dadurch für das Paar wichtig?
3. Gibt es dominante Planetenstellungen am AC? Konjunktionen und Oppositionen zum AC betonen das Planetenthema für das Paar.
4. Was ist mit dem 3. Haus, bzw. mit dem Compositemerkur? Das Merkur-Thema »Kommunikation« ist für jede Partnerschaft von großer Bedeutung!

5. Gibt es Planeten im 1.Haus und / oder im 7. Haus? Planeten im 1. Haus sind auch repräsentativ für den älteren Partner und zeigen seine Themen. Planeten im 7. Haus sind neben der allgemeinen Deutung auch repräsentativ für den jüngeren Partner und zeigen seine Themen.

6. Wie ist die Verteilung von harmonischen und herausfordernden Aspekten? Die harmonischen Aspekte geben der Beziehung Ruhe und die herausfordernden Aspekte können dem Paar zu Wachstum und Weiterentwicklung verhelfen. Nebenaspekte können wir bei der Deutung des Composite vernachlässigen. Sie werden nur dann wichtig, wenn im Composite sehr wenig Hauptaspekte vorhanden sind.

7. Welche Herausforderungen sind im Composite ersichtlich? Saturnaspekte zu persönlichen Planeten – auch die herausfordenden schaffen Bindung, können aber auch Stagnation und Frustration erzeugen. Herausfordernde Uranusaspekte zu persönlichen Planeten erfordern von dem Paar Toleranz und betonen das Bedürfnis nach Freiraum in der Beziehung. Herausfordernde Neptunaspekte zu den persönlichen Planeten können die Sicht verzerren, entweder durch Idealisierung des im Aspekt stehenden Planeten oder durch »Sprachlosigkeit« und im schlimmsten Fall durch Täuschung. Herausfordernde Neptunaspekte erfordern von dem Paar eine Sensibilisierung für das entsprechende Thema und ein gutes Gespür für die gegenseitige Interaktion. Herausfordernde Plutoaspekte zeigen starke gegenseitige Faszination und das Thema, bei dem es am ehesten zu Machtkonflikten kommen könnte. Diese Aspekte sind aber auch der Katalysator zur Veränderung und Erneuerung der beiden Persönlichkeiten.

Übung Nr. 2

Bitte betrachten Sie jetzt das Composite von Hans und Hanna auf Seite 9 und versuchen Sie eine kleine Deutung anhand der obigen Vorgehensweise. Rufen Sie sich noch einmal in Erinnerung, dass die Tierkreiszeichendeutung wegfällt, da das Combin kein echtes Horoskop ist, sondern ein Halbsummenhoroskop. Auf Seite 28 können Sie mit meiner Version vergleichen.

Vergleich Ihrer Übung Nr. 2 (S. 26)

Das Composite von Hans und Hanna:

1. Wiederholungsapekte

Wenn wir das Radix von Hans mit dem Composite vergleichen, dann finden wir bei ihm keinen Wiederholungsaspekt. Jedoch fällt gleich auf, dass statt der dominanten Mond/Pluto Konjunktion in seinem Radix jetzt im Composite eine Mond/Jupiter Konjunktion am AC und an der Spitze vom ersten Haus steht. Da das erste Haus neben der allgemeinen Bedeutung (das gemeinsame Auftreten des Paares) auch Signifikator für den älteren Partner Hans ist, können wir davon ausgehen, dass es Hans im Zusammensein mit Hanna leichter fällt, Gefühle zu zeigen. Vermutlich fühlt er sich mit ihr absolut wohl (Mond/Jupiter).

Im Radix von Hanna gibt es drei Aspekte, die sich auch im Composite wiederfinden.

Da ist zunächst das Quadrat von Sonne und Neptun. Hanna erhält durch die Beziehung zu Hans die Chance, ihre sensible und selbstlose Seite weiter zu entwickeln und ihre Intuition zu schulen. Möglicherweise betrachtet sie Hans als den idealen (Neptun) Mann (Sonne), dem sie sich auf einer sehr tiefen seelischen Ebene verbunden fühlt. In der Beziehung ist vor allem Hanna aufgefordert, sich mit ihrem Bedürfnis nach Hingabe und seelischer Übereinstimmung auseinanderzusetzen.

Der zweite sich wiederholende Aspekt ist das Trigon zwischen Merkur und Chiron. Hanna hat die Fähigkeit, über schmerzvolle Erlebnisse sprechen zu können und sie geistig zu verarbeiten. Diese Fähigkeit bringt sie in die Beziehung zu Hans ein, sodass beide auch über die unangenehmen Seiten des Lebens reden können, ohne sich gegenseitig noch mehr zu verletzen.

Dass beide in ihrem Leben schmerzhafte Erfahrungen gemacht haben, zeigt Chiron in Haus 8. Vergangenes Leid zu verarbeiten, könnte daher für beide Partner ein Thema sein. Hannas Fähigkeit, die in dieser Beziehung besonders zum Tragen kommt, kann daher auch dem Partner helfen, über Ängste und Probleme zu reden.

Der dritte sich wiederholende Aspekt ist Pluto Quadrat Chiron. Dieser Aspekt fordert Hanna auf, das Unabänderliche zu akzeptieren und sich den Herausforderungen des Lebens zu stellen. Die Beziehung zu Hans spricht auch diese Seite an und gibt Hanna die Chance, Wandlungsprozesse als Teil des Lebens zu verstehen und zu akzeptieren.

2. Betonte Häuser im Composite

Im Composite von Hans und Hanna ist das 4. Haus betont mit Sonne, aufsteigendem Mondknoten und Mars am IC, sowie Merkur. Venus steht knapp 5° vor dem IC und kann somit ebenfalls schon zum 4. Haus gezählt werden.

Hans und Hanna haben sich zu einem Zeitpunkt getroffen, als beide bereit waren, eine Familie zu gründen (bitte beachten: das Composite gilt hauptsächlich für noch unverbindliche Beziehungen).

Der Mondknoten und die Sonne an der Spitze Haus 4 deutet an, dass die Möglichkeit einer Ehe in Betracht kommt.

Sonne/Mars zeigt die Einsatzbereitschaft des Paares für familiäre Belange, was auch die Herkunftsfamilien mit einbeziehen kann. Gleichzeitig deutet diese Konstellation an, dass sich hier zwei Menschen gefunden haben, die wissen, was sie wollen. Sonne steht in der Mitte von Venus und Mars. Zu Mars hat sie eine Konjunktion, zu Venus steht sie in einem Abstand von etwas mehr als 6°, so dass wir dies nicht mehr als Konjunktion werten. Trotzdem betont die Sonne zwischen Venus und Mars die Gleichberechtigung der Partner.

Merkur in Haus 4 deutet die Chance an, dass das Paar über seine tiefsten Gefühle miteinander sprechen kann. Die Betonung von Haus 4 zeigt, dass dem Paar die emotionale Sicherheit der Beziehung und das Verständnis füreinander besonders wichtig ist.

3.   Merkur und drittes Haus

In Haus 3 steht kein Planet (Venus zählen wir bereits zu Haus 4). Der Planet Merkur hat laut Computerausdruck ein Quadrat zum Mond, ein Quadrat zu Jupiter und ein Trigon zu Chiron.

Das Quadrat von Merkur und Mond hat einen Orbis von 7 ½ °, das ist für die Compositedeutung zu viel und daher wird dieses Quadrat nicht gedeutet. Das Merkur/Jupiter Quadrat hat 5 ½ ° Orbis und ist eigentlich auch zu weit.

Bleibt noch das Trigon von Merkur zu Chiron, das wir bereits unter Punkt 1 gedeutet haben. In der Kommunikation gibt es also keine besonderen Herausforderungen. Merkur in Haus 4 deutet wie schon weiter oben beschrieben an, dass die Kommunikation auf einer sicheren Gefühlsebene stattfinden kann und das Trigon von Merkur zu Chiron zeigt, dass das Paar auch über schwierigere Dinge gut reden kann.

4.   Planeten am AC

Am Composite AC steht die Konjunktion von Mond/Jupiter. Dies betont wiederum die emotionale Seite der Beziehung und die positiven Gefühle, die beide miteinander verbinden. Mit dieser Konstellation haben beide die Chance, dass sich ihre Gefühle füreinander im Laufe der Zeit immer mehr vertiefen und auch im grauen Alltag nicht verloren gehen.

5.   Planeten im 1. Haus und/oder im 7. Haus

Im ersten Haus steht die Konjunktion von Mond/Jupiter, die schon erwähnt wurde. Das erste Haus ist auch der Signifikator für Hans, als dem älteren Partner. Er zeigt sich als sehr gefühlvoller Mensch mit einer emotional unterstützenden Grundhaltung.

Im siebten Haus steht Uranus, der Repräsentant für Hanna ist. Hanna dürfte die Unruhigere von beiden sein, vielleicht manchmal sprunghaft und sicher sehr vielseitig und interessiert. Für Hanna ist auch die freundschaftliche Seite der Beziehung wichtig und sie braucht Freiraum, vermutlich mehr als Hans.

6. Verteilung harmonischer und herausfordernder Aspekte

Die wichtigsten harmonischen Aspekte sind Sonne Sextil Saturn und Mars Sextil Saturn. Diese beiden Aspekte geben Ausdauer und ein Gefühl der Bindung. Es gibt auch etliche herausfordernde Aspekte, die die Beziehung lebendig halten können und die beide Partner zu Wachstum anregen.

7. Herausforderungen

Wichtige herausfordernde Aspekte sind das Quadrat Sonne/Neptun, dann das Quadrat Venus/Neptun, das Quadrat Mars/Neptun und die Opposition von Mond/Jupiter zu Uranus.

Drei herausfordernde Neptunaspekte betonen, dass es in der Beziehung von Hans und Hanna wichtig ist, sich mit ihrem Idealismus, ihrer Hilfsbereitschaft und ihren Sehnsüchten auseinander zu setzen. Sehen sie einander so wie sie sind oder haben sie ein Bild voneinander, das weniger real ist? Möglicherweise empfinden sich die beiden als das ideale Paar. Eine gute Entsprechung dieser Aspekte könnte auch so aussehen, dass sich Hans und Hanna gemeinsam für hilfsbedürftige Menschen oder wohltätige Organisationen (Composite Neptun in Haus 12) einsetzen.

Die Opposition von Mond/Jupiter zu Uranus betont den Freiraum, den Hans und Hanna in der Beziehung brauchen. Was regt auf und was regt an, ist hier die Frage. Beide brauchen trotz ihrem Bedürfnis nach inniger Verbundenheit und Nähe (Betonung Haus 4 und hervorgehobener Mond) auch die Möglichkeit sich immer wieder neu zu entdecken und sie müssen auch als Paar ihre persönliche Individualität ausleben können.

Uranus im 7. Haus, das auch das Wir-Gefühl des Paares symbolisiert, sagt hier, dass Hans und Hanna sich wohl auch als Freunde betrachten und vielleicht das Gefühl haben, sich ein wenig von anderen Paaren abzuheben. Die Chance von Mond/Jupiter Opposition Uranus ist, sich eng verbunden zu fühlen, auch wenn man vielleicht einmal zeitweise getrennt sein sollte.

Zusammenfassend können wir sagen, dass die Beziehung von Hans und Hanna eine starke emotionale Grundlage hat (Haus 4 und Mond), dass sie aber auch Anregung und Freiraum brauchen, um sich individuell entwickeln zu können (Uranus). Die Gefahr, sich aufzuopfern oder einem unrealistischen Idealbild der Beziehung nachzuhängen kann entschärft werden, wenn sich beide auch für Hilfsprojekte aller Art interessieren und wenn sie sich gegenseitig mitfühlend unterstützen (die Neptun-Quadrate).

Sie sehen, obwohl das Composite auf den ersten Blick aufgrund seiner Berechnung etwas zwiespältig erscheint, kann man doch sehr viel herauslesen. Am Ende dieses Lehrgangs werde ich Ihnen auch noch ein wenig über das echte Leben von Hans und Hanna erzählen, sodass Sie die Deutungen von Composite und Combin in diesem Buch vielleicht noch besser nachvollziehen können.

Noch ein Wort zu den Aspekten auf dem Computerausdruck. Gewöhnen Sie sich an, die Aspekte im Composite auf ihren Orbis hin nachzuprüfen, da wir ja nur 5° zulassen. Die Computerprogramme haben in der Regel nur eine Möglichkeit, den Orbis eigenen Bedürfnissen anzupassen und diese Tabelle stimmt man dann üblicherweise mit dem Radix ab. Im Radix sind aber die Orbistoleranzen größer.

Das Combin

Die Berechnung des Combin

Das Combin ist im Gegensatz zum Composite ein echtes Horoskop, das aus Datum, Uhrzeit und Ort des Paares berechnet wird. Im Prinzip gilt für die Berechnung etwas ähnliches wie beim Composite. Das Geburtsdatum von Person A wird mit dem Geburtsdatum von Person B addiert und durch 2 geteilt. Ebenso wird mit Uhrzeit der Geburt und den Geburtsorten verfahren.

Um das Geburtsdatum der Beziehung errechnen zu können, brauchen wir natürlich einen fortlaufenden Tageswert. Dies ist der so genannte »Julian Day«, der in den Ephemeriden für jeden Ersten eines Monats angegeben ist.

In der Praxis werden Sie oft die Erfahrung machen, dass das Combin mit seinen Planetenstellungen Ähnlichkeiten zum Composite aufweist, und das obwohl die Berechnungen jeweils andere Grundlagen haben. Man könnte diese Tatsache so sehen, dass das Composite den Beginn, die Bedürfnisse und die Entwicklungsmöglichkeiten einer Beziehung zeigt und das Combin weiterführend die Themen spiegelt, die im Zusammenleben der Partner von Bedeutung sind.

Wir ermitteln für die Berechnung des Combin das Combindatum, die Combin Weltzeit (GMT), und die geografische Länge und Breite des Combin Orts – falls die Partner an unterschiedlichen Orten geboren sind.

Anleitung für die Berechnung des Combin:

1. Ermittlung des Combin Datums

Das Geburtsdatum von Person A und das Geburtsdatum von Person B wird jeweils in den julianischen Tag umgewandelt. Der julianische Tag ist in der Ephemeride unter der Bezeichnung »Day« jeweils für den 1. eines Monats angegeben. Zu diesem Wert werden die Tage bis zum Geburtstag dazu gezählt. Die julianischen Tage von Person A und B werden addiert und durch 2 geteilt. So erhalten wir den julianischen Tag des Combin. Diesen müssen wir dann in der Ephemeride suchen und in das Combindatum umwandeln. Ergibt die Rechnung des julianischen Combindatums als Ergebnis ein »komma 5«, muss dies nachher mit 12 Stunden zur Combin Weltzeit (GMT) hinzu gezählt werden.

2. Ermittlung der Combin Weltzeit (GMT)

Von den Geburtszeiten (Ortszeit) beider Personen wird jeweils die Weltzeit (GMT) ermittelt. Sofern bereits ein Computerausdruck des Radix der Personen vorhanden ist, ermitteln wir die GMT, indem wir von der Geburtszeit (bei einer Geburt in Europa) die Stunden abziehen, die auf dem Ausdruck nach der Uhrzeit der Geburt in Klammern angegeben sind. Wenn das Radix auch erst von Hand ausgerechnet werden muss, dann finden wir in der Häusertabelle ab der Seite 403 die Zeitzonen und Sommerzeiten für Deutschland. Diese Stunden (z.B. GT + 1h) müssen dann von der Ortszeit abgezogen werden, damit wir die Weltzeit erhalten. Ein »plus +« Stunden (h) auf dieser Seite ist für uns also ein »minus -« weil wir ja von der Ortszeit und nicht wie im Buch von der Weltzeit ausgehen.

Die Weltzeit der Geburt beider Personen wird addiert und dann durch 2 geteilt. Eventuell muss der Rest aus den »Komma 5« vom Combindatum, die 12 Stunden dazu gezählt werden. Jetzt haben wir die Uhrzeit (GMT) des Combin. Wenn die Combin-Weltzeit mehr als 24 Stunden ergibt, wird zum Combin Datum 1 Tag dazu gerechnet, der Rest über den 24 Stunden ist die Uhrzeit.

3. Ermittlung der geographischen Länge und Breite des Combinorts

Dies müssen wir natürlich nur dann machen, wenn die Partner an unterschiedlichen Orten geboren wurden. Beide Längen werden addiert und durch 2 geteilt, das ergibt die Combin Länge. Wenn ein Partner westlich, z.B. USA, geboren ist und ein Partner östlich, z.B. Deutschland, dann wird die östliche Länge von der westlichen Länge abgezogen, so dass wir in der Regel eine westliche Länge erhalten. Danach wird diese ebenfalls durch 2 geteilt.

Die Breiten von Person A und B werden ebenfalls addiert und durch 2 geteilt, das ergibt die Combin Breite.

Wenn ein Partner auf südlicher Breite geboren ist und ein Partner auf nördlicher Breite, dann wird die südliche Breite von der nördlichen Breite abgezogen, so dass wir in der Regel eine nördliche Breite erhalten. Danach wird diese ebenfalls durch 2 geteilt.

4. Berechnung des Combin aus dem ermittelten Datum, Uhrzeit und Ort

Aus den unter Punkt 1-3 ermittelten Daten wird jetzt das Combin errechnet, genau wie auch ein Radix berechnet wird.

Wir nehmen jetzt wieder unsere Beispielhoroskope von Hans und Hanna auf Seite 7 und 8 als Ausgangspunkt und errechnen aus den einzelnen Geburtsdaten dieses Paares das gemeinsame Datum, die Zeit und den Ort für das Combin. Die nachfolgenden Rechnungen machen wir jetzt gemeinsam. Bitte halten Sie dafür Ihre Ephemeride griffbereit.

Dies sind die Geburtsdaten von Hanna:

Geburtsdatum: 08.11.1920, Geburtszeit: 4:40 Uhr (0h 00m). Länge: 7.53 Ost, Breite: 49.26 Nord.

Dies sind die Geburtsdaten von Hans:

Geburtsdatum: 11.11.1919, Geburtszeit: 19:15 Uhr (1h 0m 0s), Länge: 8.24 Ost, Breite: 48.56 Nord

Die Stunden (h), Minuten (m) und Sekunden (s) in Klammern bei der Geburtszeit zeigen die Abweichung der Ortszeit der Geburt zur Weltzeit der Geburt. Hans und Hanna sind beide in Deutschland geboren. Die Ortszeit in Deutschland ist eine Stunde mehr als die Weltzeit. In Geburtsjahren mit Sommerzeit kommt je nach Geburtsdatum noch eine Stunde hinzu oder sogar zwei, wenn in dem Jahr doppelte Sommerzeit war. Bei Hanna sehen wir aber in Klammern 0h 00m, Ortszeit und Weltzeit sind in ihrem Fall also identisch. Dies kommt daher, dass ihr Geburtsort in dem Jahr zur französisch besetzten Zone zählte und daher deren Regelung für die Zeitzone gültig war.

Wir haben jetzt die einzelnen Geburtsdaten und auch die Abweichung von der Ortszeit zur Weltzeit. Jetzt ermitteln wir in drei Schritten das Combin-Datum, Zeit, sowie Länge und Breite.

Ermittlung des Combin Datum

Im ersten Schritt rechnen wir jetzt die beiden Geburtsdaten in julianische Tage um, um das gemeinsame Geburtsdatum zu finden.

Hanna ist am 08.11.1920 geboren. In der Ephemeride finden wir bei den Planetendaten für November 1920 im rechten äußeren Kästchen ganz unten folgende Angabe: »1. November 1920 (Day = 07610)«. Für Hannas Geburt am 08.11. zählen wir zu diesem julianischen Tag »07610 (1.11.)« 7 Tage (bis zum 8.11.) hinzu und erhalten den julianischen Tag der Geburt »07617«

Hans ist am 11.11.1919 geboren. Für den 01.11.1919 finden wir in der Ephemeride den julianischen Tag (Day) »07244«. Der Geburtstag war am 11.11., also zählen wir zu diesem Tag (01.11.) noch 10 Tage (bis 11.11.) hinzu und erhalten für das Geburtsdatum von Hans den julianischen Tag »07254«

Jetzt rechnen wir die beiden julianischen Tage zusammen und teilen dann durch 2:

07617 + 07254 = 14871
14871 : 2 = 7435,5

Das Geburtsdatum des Combin entspricht also dem julianischen Tag »7435« und es bleibt ein Rest von »komma 5«. Dieser Rest entspricht 12 Stunden, die wir im zweiten Schritt zur Combin Zeit dazu rechnen müssen.

Wir suchen jetzt in der Ephemeride Jahr und Monat für den Tag »7435«. Logischerweise muss dieses Datum in der Mitte zwischen den beiden Geburtstagen liegen. In der Ephemeride finden wir für den 1. Mai 1920 den Wert »07426« und für den 1. Juni 1920 den Wert »07457«. Der Wert für Juni 1920 liegt bereits über unserem gesuchten Wert »07435«. Das Combin Datum fällt also in den Mai 1920. Vom 1. Mai 1920 (07426) rechnen wir jetzt immer einen Tag weiter bis zu 07435 und finden so das Combin Datum 10.05.1920.

<u>Ermittlung der Combin Weltzeit (GMT)</u>

Bei Hanna ist die Ortzeit auch gleichzeitig die Weltzeit. Wir können also die Geburtszeit: 4:40 Uhr, direkt übernehmen.

Hans ist um 19:15 Uhr Ortzeit in Deutschland geboren. Die Differenz zur Weltzeit beträgt 1 Stunde. Die GMT Geburtszeit von Hans ist daher 18:15 Uhr.

Die Uhrzeit der beiden Personen wird jetzt zusammen gerechnet:

4:40 Uhr + 18:15 Uhr = 22h: 55m

Nun teilen wir die errechnete Zeit durch 2:
22h 45m : 2 = 11h 27m 30s

Von der Rechnung des Combin Datums aus dem 1. Schritt hatten wir eine »komma 5«, also 12 Stunden über. Diese 12 Stunden müssen jetzt zu den errechneten Stunden von 11h 22m 30s dazu gezählt werden:

11 27 30 + 12 00 00 = 23 27 30

Die Combin Uhrzeit ist 23:27:30 Uhr.

Ermittlung der geografischen Länge und Breite des Combin Orts
Die Länge des Ortes von Hanna ist 7.53 Ost. Die Länge des Ortes von Hans ist 8.24 Ost. Dies wird jetzt ebenfalls wieder addiert und anschließend durch 2 geteilt.

7.53 + 8.24 = 16.17

16.17 : 2 = 8.08.30 Ost

Achtung: Wir haben es hier mit Grad und Bogenminuten zu tun. 1 Grad (°) entspricht 60 Bogenminuten ('). Wenn wir 53 und 24 addieren, ergibt das 77. Von den 77 müssen 60 Bogenminuten (1 Grad) abgezogen werden, so das 17 Bogenminuten bleiben und das 1 Grad wird zu den 15 Grad (7+8) dazu gerechnet. Auch beim anschließenden Dividieren müssen wir aufpassen.
16 Grad : 2 = 8 Grad, 17 Bogenminuten : 2 = 8 Bogenminuten, Rest 60 Bogensekunden (60 Bogensekunden = 1 Bogenminute) 60 Bogensekunden : 2 = 30 Bogensekunden.
   Wir haben jetzt für das Combin eine Länge von 08.08.30 Ost.

Jetzt noch die Rechnung der Breite: Die Breite des Ortes von Hanna ist 49.26 Nord. Die Breite des Ortes von Hans ist 48.56 Nord.

49.26 + 48.56 = 98.22

22 : 2 = 49.11 Nord

Jetzt haben wir alle Daten des Combin für Hans und Hanna zusammen:
   Combin Datum: 10.05.1920
   Combin Zeit (GMT): 23 Uhr, 27 Minuten, 30 Sekunden
   Combin Länge: 08.08.30 Ost
   Combin Breite: 49.11 Nord

Ein Vergleich mit dem Computerausdruck des Combin auf Seite 8 zeigt, dass wir richtig gerechnet haben.

Mit diesen Daten können wir das Combin wie ein Radix berechnen. Die Radixberechnung per Hand gehört jedoch nicht zum Thema dieses Lehrbuches. Falls Sie ein Computerprogramm haben, das kein Combin ausrechnen kann, dann geben Sie das errechnete Combin-Datum, die Uhrzeit, sowie Länge und Breite wie bei der üblichen Radixberechnung in den Computer ein. Das Radix, das Sie erhalten, ist dann das Combin. Achten Sie jedoch darauf, dass die Combin Zeit in GMT (Weltzeit) angegeben ist.

Die Deutung des Combin

Das Combin beschreibt, welche Hauptthemen die Partner zusammengeführt haben, was sie gemeinsam erfahren und lernen möchten, und welche Themen im Zusammenleben der Partner von Bedeutung sind.

Bei der Combindeutung können wir uns wieder eine Liste machen, welche die einzelnen Schritte erläutert und so den Einstieg in die Deutung erleichtern. Das Combin wird dabei aus zwei Blickwinkeln betrachtet. Als erstes geht es um die Deutung der gemeinsamen Themen des Paares und als zweites um die Potentiale und Entwicklungsmöglichkeiten der einzelnen Partner.

Wie beim Composite auch, so stellen wir hier wieder zuerst die einzelnen Deutungsschritte für das Combin zusammen und danach üben wir die Deutung an unserem Beispiel von Seite 8.

Die Deutung der gemeinsamen Themen des Paares im Combin:
1. der Combin AC. – Dies ist das Thema, das die Partner auf der seelischen Ebene zusammengeführt hat. Was wollen sie gemeinsam erfahren und weiter entwickeln? Der Combin AC zeigt die Thematik, für die jeder der Partner zum Zeitpunkt des Zusammenkommens offen ist und wo beide Fortschritte machen möchten. Ein Beispiel: Combin AC in Schütze = Jeder der Partner ist an einem Punkt im Leben angekommen, wo er sich um mehr Weitblick, Toleranz und Unterstützung bemühen will. Beide Partner möchten ihre Weltanschauung erweitern.
2. Der Zeichenherrscher des AC in seinem Haus. – Er zeigt, wofür die Energie des AC eingesetzt werden soll. Beispiel: Combin AC in Schütze, Herrscher Jupiter in Haus 2 = die Partner möchten durch ihren Weitblick und durch gegenseitige Unterstützung ihren Lebensunterhalt sichern und ihren Selbstwert erfahren.
3. Combin Planeten in Zeichen und Häusern. – Dies sind weitere Themen, mit denen sich die Partner auseinander-

setzen möchten. Wir achten vor allem auf Häuser und Zeichen, die mit mehreren Planeten besetzt sind, weil dadurch das Thema entsprechend betont wird.

4. Spannungsaspekte (Quadrat, Oppositionen, herausfordernde Konjunktionen) der Langsamläufer Saturn bis Pluto. – Hier ist die Gefahr, sich gegenseitig für Schwierigkeiten verantwortlich zu machen, denn es sind ja gleich zwei Personen, die hier möglicherweise frustriert werden. Die Frage ist, wer spielt den einen Part des Aspekts und wer den anderen? Herausfordernde Aspekte bringen die Partnerschaft in Schwung, halten lebendig und bieten Lernstoff. Als Höchstorbis für Hauptaspekte im Combin lassen wir 5° zu.

5. Planeten in Konjunktion zu den Achsen. – Diese Planeten sind dominant und heben ein Thema besonders hervor.

Die Deutung der Potentiale und Entwicklungsmöglichkeiten der Partner im Combin:

1. Signifikatoren für den älteren Partner = der AC Herrscher in Haus und Zeichen mit Aspekten, sowie Planeten im ersten Haus – diese Faktoren beschreiben die Fähigkeiten und Erfahrungen, die der ältere Partner in die Beziehung einbringt. Es sind außerdem seine Themenschwerpunkte und das, womit er sich innerhalb der Beziehung auseinander setzen soll. Wir betrachten hierbei auch die alten Zeichenherrscher, also bei AC Skorpion die Planeten Mars und Pluto, bei AC Wassermann die Planeten Saturn und Uranus und bei AC Fische die Planeten Jupiter und Neptun. Ebenso sollten auch die Herrscher eines eventuell eingeschlossenen Zeichens im ersten Haus berücksichtigt werden.

2. Signifikatoren für den jüngeren Partner = der DC Herrscher in Haus und Zeichen mit Aspekten, sowie Planeten im

siebten Haus. Die Deutung ist genauso wie unter Punkt 1 beim älteren Partner.

3. Die Verbindung der Partner untereinander = Aspekte zwischen den Herrschern von AC und DC. Solche Aspekte werden wir nicht in jedem Combin finden, wenn sie aber da sind, dann signalisiert das Ausgewogenheit (harmonische Aspekte) oder Spannung (herausfordernde Aspekte). Bei einer Konjunktion deutet das auf eine eher symbiotische Verbindung. Wenn der Herrscher von 1 in Haus 7 steht oder umgekehrt, könnte dies auf eine starke Beeinflussung des einen Partners (der, dessen Herrscherplanet in das Haus des Partners fällt) auf den anderen Partner deuten (denjenigen, der den Planeten des Partners in seinem Haus hat).

4. Spannungsaspekte zu den Signifikatoren = zeigen die Herausforderungen der Partner und die Möglichkeiten für individuelle Entwicklung. Beispiel: Quadrat Mars aus Haus 5 zum AC Herrscher = der ältere Partner hat die Chance, seine Art der Durchsetzung, seine Konfrontationsfähigkeit und seine kreativen Fähigkeiten durch Eigeninitiative weiterzuentwickeln. Es besteht jedoch auch die Möglichkeit von Streit durch Hobbys des jüngeren Partners.

5. Planeten in den Häusern = diese können aus der Sicht des älteren Partners, als auch aus der Sicht des jüngeren Partners gesehen werden. Signifikator für den älteren Partner ist das 1. Haus und die nachfolgenden Häuser 2-12 sind *seine* Häuser. Für den jüngeren Partner müssen die Häuser umnummeriert werden, das heißt: Haus 7 als Signifikator = Haus 1 des jüngeren Partners, Haus 8 = Haus 2 des jüngeren Partners, Haus 9 = Haus 3 des jüngeren Partners, Haus 10 = Haus 4 des jüngeren Partners, und so weiter. Ein Beispiel für die Logik dieser Zusammenhänge: Wenn in einer Ehe der ältere Partner finanzielle Verbindlichkeiten eingeht, eventuell Kredite bei der Bank aufnimmt – sein Haus 8, dann haftet

oft auch der jüngere Partner mit seinem persönlichen Einkommen (Haus 2) für diese Verbindlichkeiten. Das ist Astro-Logisch, denn Haus 8 des älteren Partners ist gleichzeitig Haus 2 des jüngeren Partners. Bei einem privaten Kredit werden möglicherweise beide bei der Bank unterschreiben müssen – denn es ist natürlich auch gleichzeitig das gemeinsame Haus 8 des Combin.

Übung Nr. 3

Jetzt werden wir die Deutung in der Praxis üben. Sehen Sie sich jetzt das Combin von Hans und Hanna auf Seite 8 an und analysieren sie es zuerst selbst, wie unter „die Deutung der gemeinsamen Themen des Paares im Combin", Punkt 1-4 beschrieben. Wie üblich können Sie mit meiner Version vergleichen (S. 46).

Vergleich Ihrer Übung Nr. 3 (S. 44)

Die gemeinsamen Themen von Hans und Hanna im Combin:

1. AC in Steinbock

Hans und Hanna sind an einem Punkt im Leben angekommen, wo sie Verantwortung übernehmen möchten. Beide sind bereit, sich etwas aufzubauen, das Bestand hat. Auf der seelischen Ebene möchten sie jetzt Zuverlässigkeit und Sicherheit erfahren sowie ihre Fähigkeiten zur Disziplin, Geduld und Arbeit weiterentwickeln.

2. Herrscher des AC, Saturn an der Spitze von Haus 8

Bitte beachten: Auch beim Combin gilt beim Häuserorbis die 1/6-tel Regel wie in Band 1 der Astrologie-Ausbildung beschrieben. Das heißt: die gesamte Hausgröße geteilt durch 6 ergibt den Orbis für das Folgehaus, innerhalb dessen ein Planet vor der Hausspitze stehen darf, um zum Folgehaus gerechnet werden zu können. Es werden jedoch nicht mehr als 5° Höchstorbis zugelassen. – Die Partner möchten durch ihre Verantwortungsfähigkeit (AC) die Krisen des Lebens meistern und sich allmählich von überlebten Zuständen lösen. Sie möchten auch intensive Zusammenarbeit und Zusammenhalt, um Ängste zu überwinden (Haus 8).

3. Combin Planeten in Zeichen und Häusern

Das 3. Haus ist mit der Konjunktion von Merkur und Venus besetzt (der absteigende Mondknoten gehört schon zu Haus 4!). Merkur und Venus stehen wie auch Mondknoten und Sonne im Stier. Das betonte Haus 3 zeigt, wie wichtig den beiden das harmonische Gespräch ist, die Stierbetonung greift noch einmal das Erd-Element des AC auf und verstärkt somit das Sicherheitsthema, das für diese Beziehung so bedeutsam ist.

Sonne steht dominant am IC im Stier und betont damit, wie wichtig die emotionale Stabilität und Ruhe des Zusammenlebens für beide ist, und dass sie wohl ein gediegenes Zuhause zu schätzen wissen.

Der Mond im Wassermann im ersten Haus greift ein Thema aus dem Composite wieder auf: Freiraum, was für beide Partner wichtig ist. Auch wenn Hans und Hanna nach außen hin vielleicht zunächst eher konservativ erscheinen (AC im Steinbock), so sind sie doch vermutlich auch sehr unabhängig und eigen und überraschen vielleicht manchmal durch unerwartete Launen oder ungewohnte Reaktionen.

Im 7. Haus sind auch zwei Planeten, die Konjunktion von Jupiter und Neptun. Dies zeigt, dass gegenseitige Hilfsbereitschaft, Großzügigkeit und Vertrauen in dieser Beziehung ein Thema ist.

Die restlichen Planeten können wir an dieser Stelle etwas vernachlässigen, da wir auch im Combin vor allem die wichtigsten Dinge herausfiltern sollten.

4. Spannungsaspekte der Langsamläufer Saturn bis Pluto

Saturn Opposition Uranus, Neptun Quadrat Merkur (5°18' Orbis), Neptun Quadrat Venus, Pluto Quadrat Chiron.

Saturn, der in diesem Combin besonders wichtig ist, weil er der Herrscher vom AC ist, steht Uranus gegenüber. Das Paar soll hier lernen, die Balance zu finden zwischen Tradition und Moderne, sowie zwischen dem Festhalten an ererbten und verinnerlichten Werten (Saturn in Haus 8) und der ideell orientierten sowie frei gestalteten Existenzsicherung (Uranus in Haus 2). Da das Combin sehr erdbetont ist (Steinbock AC, Sonne, Merkur, Venus im Stier, Saturn in Jungfrau) dürfte die Uranus Opposition eine wichtige Herausforderung in dieser Beziehung sein. Wir könnten Hans und Hanna deshalb fragen, welche Vorstellungen sie über Geld und Besitz haben, was sie für ihre Sicherheit brauchen und woraus sie ihren Selbstwert beziehen. Wie flexibel können sie mit wechselnden Kontoständen umgehen? Welche finanziellen Risiken sind sie bereit einzugehen? Welche geistigen Werte sind ihnen vielleicht wichtiger als äußere Werte?

Merkur erhält ein Quadrat von Neptun, das allerdings den Höchstorbis von 5° etwas überschreitet. Wenn wir großzügig sind und das Quadrat trotzdem zulassen, dann könnten wir darauf hinweisen, dass es wichtig ist, Gedanken auszusprechen, weil sonst die Gefahr von Missverständnissen bestehen könnte. Vielleicht kann einer von beiden seine Gedanken nicht klar ausdrücken und der andere redet daher mehr. Möglicherweise könnte es auch wichtig werden, nicht jedes Wort von anderen Menschen außerhalb der Beziehung für bare Münze zu nehmen und sein Gespür für die Wahrheit zu sensibilisieren (Neptun kommt aus Haus 7, in dem das Paar auch anderen Menschen begegnet).

Die Venus erhält ein engeres Quadrat von Neptun. Hier werden die Beziehungsideale des Paares angesprochen und der Gleichklang der Seelen. Venus steht aber auch in Konjunktion zu Merkur und beide Planeten reagieren daher gemeinsam auf Neptun. Möglicherweise besteht deshalb die Gefahr, eventuelle Konflikte, wie sie in jeder Beziehung einmal vorkommen, nicht anzusprechen oder gar als nicht vorhanden zu übersehen. Da Hans als auch Hanna vermutlich für *schöne Worte* empfänglich sind und wohl geneigt sind, grundsätzlich gut zu denken, könnte es auch wichtig werden, bei Kontakten außerhalb der Beziehung darauf zu achten, mit wem sie zusammen kommen und welchen Menschen sie vertrauen können (Neptun aus Haus 7).

Das Quadrat von Pluto zu Chiron signalisiert die Gefahr, sich gegen Dinge zu stemmen, die nicht zu ändern sind. Das Paar ist hier aufgefordert, nicht gegen Windmühlen zu kämpfen, sondern zu akzeptieren, dass den eigenen Gestaltungsmöglichkeiten (Chiron in Widder) Grenzen gesetzt sind. Dann kann sich das Heilungspotential dieses Aspekts entfalten, so dass die Ängste und Wunden des Lebens verarbeitet werden können.

5. Planeten an den Achsen
Die Sonne steht am IC und ist somit dominant. Der gemeinsame Selbstausdruck und die Ziele des Paares für das Zusammen-

leben stehen damit im Vordergrund. Vermutlich empfinden beide ein starkes Zusammengehörigkeitsgefühl, wollen sich gegenseitig nahe sein und sich beschützen. Die Beziehung ist wohl eher nach innen als nach außen gerichtet, die Intimsphäre ist wichtig und für das Paar ist das gemeinsame Zuhause ein wichtiger Dreh- und Angelpunkt in ihrem gemeinsamen Leben.

Die Beziehung aus Sicht der einzelnen Partner:

1. der ältere Partner
Signifikator für den älteren Partner Hans ist AC-Herrscher Saturn in Haus 8 in Opposition zu Uranus, der gleichzeitig Herrscher des eingeschlossen Wassermann ist, sowie Wassermann-Mond im 1. Haus Quadrat Sonne (die im Computerausdruck eingezeichneten Aspekte zu Mars und Jupiter sind im Orbis zu weit).
Hans hat möglicherweise extreme Erfahrungen im Leben hinter sich und bringt nun seine Fähigkeit, mit Krisen umzugehen, in die Beziehung ein. Innerhalb der Partnerschaft möchte er sich seelisch mit seinen Verlustängsten auseinandersetzen und er kann lernen, sich von Fixierungen frei zu machen und den Wendungen des Lebens zu vertrauen (Saturn in 8). Für Hans ist es in dieser Beziehung wichtig, weder am Alten hängen zu bleiben, noch radikale Kehrtwendungen zu machen, sondern die Brücke zu finden zwischen Vergangenheit und Zukunft (Saturn Opposition Uranus). Möglicherweise empfindet sich Hans als der Sensiblere von beiden, was er aber nicht unbedingt so zeigen will (eingeschlossener Wassermann-Mond). Für Hans könnte es in dieser Beziehung wichtig sein, die Rollenverteilung von Mann und Frau zu hinterfragen und zu lernen, inneres Gespür mit äußerem Verhalten besser in Einklang zu bringen (Sonne Quadrat Mond).

2. der jüngere Partner
DC-Herrscher Mond in Haus 1 im Quadrat zur Sonne, Jupiter Konjunktion Neptun in Löwe, eingeschlossenes Quadrat Venus/

Merkur. Hanna kann sich gut auf andere einstellen, aber ohne einzuengen (Wasserman-Mond), und bringt diese Fähigkeit in die Beziehung zu Hans mit ein. In dieser Beziehung kann Hanna lernen, emotional freier zu werden und eigene Bedürfnisse sowie Bedürfnisse des Partners zu erkennen (Mond in Haus 1 in Wassermann). Aufpassen sollte sie, dass sie den Partner nicht zu sehr beeinflußt, denn mit dem DC-Herrscher in seinem Haus 1 könnte sie durchaus eine gewisse Macht über ihn haben. Auch Hanna sollte die klassische Rollenverteilung hinterfragen und kann lernen inneres Fühlen mit äußerem Verhalten besser in Einklang zu bringen (Mond Quadrat Sonne). Da diese Konstellation auch unmittelbar mit dem älteren Partner Hans zu tun hat, kann sie ihm in dieser Beziehung helfen, sich selbst besser zu spüren.

Hanna dürfte eine großzügige Frau sein, für die Vertrauen und Ideale wichtig sind (Jupiter/Neptun). In der Beziehung zu Hans kann sie lernen zwischen Schein und Wirklichkeit zu unterscheiden sowie innere Harmonie und mitfühlenden Ausdruck zu finden. Die kreativen und musischen Fähigkeiten von Hanna können in dieser Beziehung entfaltet werden (Venus/Merkur Quadrat Jupiter/Neptun).

3. die Verbindung der Partner untereinander
Zwischen AC Herrscher Saturn und DC Herrscher Mond gibt es keinen Aspekt. Auch zwischen dem Herrscher vom eingeschlossenen Wassermann in 1, Uranus und dem Herrscher des eingeschlossenen Löwe in 7, Sonne, gibt es keinen Aspekt. Dieser Punkt fällt also weg.

4. Spannungsaspekte zu den Signifikatoren
Für den älteren Partner Hans ist die Uranus Opposition zu Saturn (AC-Herrscher) wichtig. Das, was wir weiter oben zu diesem Aspekt bereits gedeutet haben ist also für Ihn besonders wichtig. Hans wird herausgefordert, Altes hinter sich zu lassen, jedoch ohne gleich alles über Bord zu werfen. Er soll lernen mit tief sit-

zenden Ängsten (Saturn in Haus 8) umzugehen, sie zu verarbeiten und spontane neue Ideen und eigene Werte (Uranus in Haus 2) in sein Leben integrieren. So kann Hans lernen, kalkulierte Risiken einzugehen, Veränderungen zu planen und unerschrocken durchzuziehen, sowie sein Verhalten den Umständen anzupassen (Saturn/Uranus). Als möglichen Streitpunkt könnte man sich einen eventuell unkontrollierten Umgang mit Geld/Kreditkarten durch den jüngeren Partner vorstellen oder aber eine Neigung Hannas zu Themen wie Astrologie und dergleichen. (Uranus in Haus 2, das gleichzeitig Hannas 8. Haus ist).

Für die jüngere Partnerin Hanna ist das Quadrat von Mond (DC Herrscher) zur Sonne besonders wichtig. In dieser Partnerschaft ist sie herausgefordert, Gefühle zu zeigen und neben der freiwilligen Anpassung an den Partner (Mond in Wassermann in Haus 1) auch eigene Identität und innere Stabilität zu entwickeln (Sonne in Stier in Haus 4). Dadurch kann Hanna eine innerlich und äußerlich befriedigende Beziehung leben. Als mögliche Streitpunkte könnte hier die Familie des Partners eine Rolle spielen, oder auch eine eventuelle Bequemlichkeit von Hans (herausfordernde Sonne in Haus 4). Die Sonne ist aber auch der Herrscher vom eingeschlossenen Löwen in Haus 7 und steht somit auch für Hanna selbst. Vielleicht liegt der mögliche Konflikt deshalb vor allem in Hanna selbst, sodass sie in dieser Beziehung aufgefordert ist, sich ihrer eigenen Zwiespalt von Fühlen und Wollen bewusst zu werden und zu lernen, ihr ganzes Wesen harmonisch auszudrücken.

5. Planeten in den Häusern

Die Planeten in den Häusern brauchen wir für die Partner nicht alle einzeln zu analysieren. Daher greifen wir nur das heraus, was uns eventuell auffällt und wichtig erscheint und was nicht schon bei den vorangegangenen Punkten im Gespräch war.

Auffällig in diesem Combin ist Mars rückläufig, der auch noch unaspektiert ist (das im Computerausdruck eingezeichnete Trigon zu Mond ist viel zu weit). Unaspektierte Planeten, das heißt Planeten, die keinen Hauptaspekt zu anderen Planeten bilden, symbolisieren Herausforderung und wichtige Fähigkeit (die erst erkannt werden will) zugleich. Die Rückläufigkeit des Mars können wir hier so interpretieren, dass beide, Hans und Hanna bislang wohl gewohnt waren, jeder für sich Initiative zu ergreifen, jetzt aber lernen sollen, gemeinsame Ziele in gegenseitiger Rücksicht aufeinander zu verfolgen (Mars in Waage). Beide sollen sich für die gemeinsame Lebensvorstellung stark machen, auch wenn das bedeuten sollte, dass die eine oder andere bislang gewohnte Handlungsweise über Bord geworfen werden muss (Mars im neunten Haus).

Für Hans steht Mars im 9. Haus. Möglicherweise ist es so, dass er aus seinem bisherigen Leben bestimmte Prinzipien übernommen hat, die es jetzt zu hinterfragen und neu zu ordnen gilt.

Für Hanna steht Mars im dritten Haus (gerechnet vom siebten Haus aus, da das 7.te Haus das erste Haus von Hanna symbolisiert). Vielleicht erlebt Hanna das Thema deshalb so, dass sie ihr gewohntes Handeln erst an die gemeinsame Umgebung anpassen muss, ehe sie ihre Möglichkeiten ergreifen kann.

Wenn wir jetzt diese Aussagen in den Hauptteilen zusammenfassen, dann können wir sagen, dass Hans und Hanna das gemeinsame Leben auf tragfähige und sichere Grundlagen stellen möchten und sich für die gemeinsamen Ziele einsetzen wollen. Für beide ist der Zusammenhalt wichtig und sie möchten auch Ergebnisse ihres gemeinsamen Schaffens sehen. Jedoch brauchen sie auch Raum für persönliche Entfaltung. Hans und Hanna sollten auf ihren Kontakt zur Umwelt achten und lernen zwischen *Schein und Sein* in der Kommunikation zu unterscheiden.

Alle Punkte, die in dieser Analyse zur Sprache gekommen sind können als Stichworte für ein astrologisches Gespräch mit dem Paar herangezogen werden. Bedenken Sie aber bei eigenen Übungen, dass in der Regel ein bestimmter Zeitrahmen eingehalten werden soll und deshalb immer eine Konzentration auf das Wesentliche erforderlich ist.

Hans und Hanna

Ich hatte Ihnen ja versprochen, ein wenig über Hans und Hanna zu erzählen, die uns jetzt schon so oft ihr Horoskop für diese Astrologie-Ausbildung zur Verfügung gestellt haben.

Bis zum Tode von Hanna im Jahre 2006 waren Hans und Hanna 55 Jahre lang sehr glücklich verheiratet. Beide waren sich absolut treu und immer liebevoll füreinander da. Ich betone das aus dem Grund, weil manche Konstellationen wie sie bei Hans und Hanna auch vorhanden sind, von etlichen Astrologen als sehr kritisch und ungeeignet für eine Beziehung beschrieben werden. Sie und ich wissen aber, dass das Paar es selbst in der Hand hat, was es aus seinen Themen macht.

Das Paar lernte sich wenige Jahre nach Beendigung des zweiten Weltkrieges kennen. Die Kriegszeit hatte beide sehr geprägt und vor allem Hanna nahm viele Ängste daraus mit in ihr neues Leben mit Hans. Sie war damals Kriegerwitwe gewesen, eine von denen, die lange Zeit nicht in Erfahrung bringen konnten, was ihrem Mann geschehen war. Er galt lange Zeit als vermisst und erst nach Jahren erfuhr sie, dass er bereits kurz nach ihrer Hochzeit in russische Gefangenschaft geraten und dort verstorben war. Jahrelang lebte Hanna deshalb hin und her gerissen zwischen vager Hoffnung und der inneren Gewissheit, dass ihr Mann nie mehr zurückkommen würde. Erst kurz vor dem Zeitpunkt, als sie Hans kennenlernte, kam die endgültige Bestätigung seines Todes vom Amt.

Hans dagegen wurde während des Krieges für tot erklärt, obwohl er noch lebte. Er nahm dies als Hinweis, dass er ein besonders langes Leben haben würde und er hatte recht damit. Doch auch Hans hatte bereits prägende persönliche Verluste erfahren, bevor er Hanna traf. Während seiner Kindheit starb seine jüngere

Schwester an Diphtherie, sein älterer Bruder fiel im Krieg. Nach einer kurzfristigen Veränderung des Einsatzplanes seiner Staffel starb an Hans' Stelle ein Kriegskamerad von ihm, der an seinen Platz gerückt war.

Erinnern Sie sich in diesem Zusammenhang noch einmal an das, was im Composite und Combin ersichtlich ist in Bezug auf die Verarbeitung von Traumata der Vergangenheit als Chance dieser Beziehung.

Die Zeit, als beide sich kennenlernten, war geprägt vom Zusammenbruch der Währung. Von heute auf morgen war das Ersparte weg und sie mussten von vorne anfangen. Kein Wunder also, dass das innere und äußere Sicherheitsbedürfnis der beiden im Combin so ausgeprägt ist (die Erd-Betonung).

Während ihrer Ehe bauten sich Hans und Hanna dann ein Geschäft auf, in das sie beide ihre ganze Kraft steckten. Die finanziellen Risiken, die das mit sich brachte, meisterten sie voller Zuversicht in ihre gemeinsame Leistungsfähigkeit. Erinnern Sie sich in diesem Bezug an den unaspektierten Mars im Combin.

Obwohl sie so eng Hand in Hand arbeiteten, hatten sie doch auch individuelle Interessen und ließen sich in ihren wenigen Hobbys gegenseitig frei gewähren. Hanna interessierte sich für alles Esoterische, las Unmengen von Büchern, und Hans bastelte kleine Möbel zusammen oder backte als ursprünglich gelernter Konditor die Weihnachtsstollen der Familie.

Harmonie und Zärtlichkeit waren Hans und Hanna ihr ganzes Eheleben lang sehr wichtig und es wäre für beide undenkbar gewesen, dass sie sich jemals lautstark anschreien.

Hanna war die lebhaftere und kontaktfreudigere von beiden und nach außen hin die Wortführerin. Hans war das immer recht. Beide hatten ein gutes Gespür füreinander und wussten genau, bis zu welcher Grenze sie den Partner herausfordern konnten. Die Neptun-Spannungen im Composite und Combin waren innerhalb ihrer Beziehung kein Thema, höchstens insofern als sich beide als das ideale Paar betrachteten und sehr nachsichtig miteinander umgingen. Sie setzten sich gemeinsam ein für benachteiligte Menschen und machten großzügige Spenden an soziale und kirchliche Organisationen, ohne Aufhebens davon zu machen. Die Herausforderungen kamen jedoch von außen auf sie zu, und manche herbe Enttäuschungen im Verlauf ihres Lebens mussten sie deshalb einstecken, weil sie sich von den schönen Worten anderer Menschen einfangen ließen.

Als Hans mit über 60 Jahren lebensgefährlich erkrankte, musste Hanna zum zweiten Mal in ihrem Leben eine lange Zeit der Ungewissheit standhalten. Hans gegenüber zeigte sie Zuversicht, aber wenn sie allein war, brach sie fast zusammen. Die Angst um ihn wurde sie auch nach seiner Genesung nie mehr ganz los. Zu tief saß das Trauma, das sie mit dem möglichen Verlust geliebter Menschen konfrontierte.

Die letzten Jahre ihrer Ehe verbrachten Hans und Hanna in harmonischer Gemeinsamkeit und gegenseitiger Unterstützung. Hanna leistete sich nur einen Egoismus: Sie wollte es nach eigenen Worten nicht noch einmal erleben, als Witwe zurückbleiben zu müssen. Dieser Wunsch hat sich fünf Jahre nach ihrer Goldenen Hochzeit erfüllt. Sie fiel einfach um und ging, und Hans musste lernen, die letzten Jahre seines Lebens ohne sie zurechtzukommen.

Wenn Sie jetzt die Analysen von Composite und Combin noch einmal durchlesen und die dazugehörigen Ausdrucke betrachten, dann vollziehen Sie das Leben von Hans und Hanna anhand der Konstellationen noch einmal nach.

Hinweise für Beratungsübungen

Astrologische Partnerberatungen sind anspruchsvoll und es ist deshalb sinnvoll, viel zu üben. Suchen Sie sich also freiwillige Paare, um ihr neu erworbenes Wissen anzuwenden. Erst in der Praxis können Sie Deutungssicherheit entwickeln.

Aufgrund des umfangreichen Materials für die Paarberatung haben Sie zwei Möglichkeiten:
1. Sie machen eine einzige Beratung von etwa zwei Stunden, in der Sie die Hauptthemen in komprimierter Form besprechen. Teilen Sie die Zeit ein, denn sie müssen in dem Fall beide Radixe mit den wichtigsten Themen ansprechen, einen kurzen Abriss von Selbstbild und Partnerbild machen, die Synastrie besprechen und erst dann zur Abrundung das Wichtigste aus den Themen von Composite oder Combin.
2. Sie bieten eine Paarberatung von beispielsweise drei bis fünf Sitzungen an. Dies könnte vor allem bei Paaren in der Krise eine gute Möglichkeit sein und sie können somit tiefer in die Beziehungsthematik einsteigen.

Achten Sie darauf, dass jeder der Partner möglichst gleich viel Aufmerksamkeit erhält. Am besten ist es, wenn Sie zu Beginn der Beratung kurz darauf hinweisen, was Sie besprechen werden und dass jeder der beiden zu Wort kommt. So können Sie ein wenig vorbeugen, dass Sie nicht immer wieder von einem der Partner unterbrochen werden, wenn Sie gerade mit dem anderen Partner reden. Bleiben Sie unter allen Umständen neutral. Es nützt keinem der Partner etwas, wenn Sie bewusst oder unbewusst für einen der beiden Partei ergreifen. Formulieren Sie die Herausforderungen der Beziehung als Chance.

Nochmals zur Erinnerung: Bei Paaren, die noch nicht fest zusammen sind, benutzen Sie das Composite. Bei Paaren, die bereits zusammenleben steht das Combin im Vordergrund. Auch

Eltern/Kind Beziehungen werden in der Regel mit dem Combin gedeutet. Beachten Sie aber, das für jede Beziehung, auch für Eltern und Kind zuerst eine Synastrie gemacht wird, denn diese lässt sich weder durch das Composite noch durch das Combin ersetzen. Eventuell lesen Sie für dieses Thema im entsprechenden Lehrbuch: »Astrologie-Ausbildung, Band 8« noch einmal nach.

...Wir sind am Ende des Lehrgangs angelangt. Ich hoffe, das Thema hat Ihnen viele neue Erkenntnisse gebracht.

Mit diesem zehnten Band der Astrologie-Ausbildung ist der Astrologielehrgang offiziell zu Ende. Das heißt aber nicht, dass es nichts mehr zu lernen gibt. Die Astrologie hält noch viele spannende Themen bereit. Aber Sie haben mit diesen zehn Bänden nun eine gute Grundlage und können sich in weitere Interessengebiete sicher gut einarbeiten. Es gibt zahlreiche Fortbildungen, die sie dafür nutzen können, sei es in Seminaren oder durch Bücher. Und so »entlasse« ich Sie jetzt aus meiner Schule. Alles Gute für Sie und ich wünsche Ihnen noch viele spannende Zeiten mit der Astrologie.

Ihre
Angela Mackert

Anhang

Stichworttabellen

Tabelle 1
Stichworte für die Deutung der Planeten

Planet	Stichworte
Sonne ☉	Verwirklichung, Lebenskraft, Vitalität, Selbstbewusstsein.
Mond ☾	Gefühle, Bedürfnisse, Geborgenheit, das innere Kind.
Merkur ☿	Interesse, Kommunikation, Lernfreude, Sprache.
Venus ♀	Schönheitssinn, Wunsch nach Liebe, Selbstwert, Genuss, Harmoniebedürfnis.
Mars ♂	Durchsetzung, Entscheidungsfreude, Konfliktbereitschaft, Kämpfer, Mut.
Jupiter ♃	Optimismus, Sinnsuche, Glaube, Begeisterung, Erkenntnisfähigkeit, Großzügigkeit, Hoffnung.
Saturn ♄	Autorität, Disziplin, Stabilität, Konzentration, Pflichtbewusstsein, Perfektion, Hemmung.
Uranus ♅	Freiheitsdrang, Inspiration, Originalität, Fortschritt, Unabhängigkeit, Rebellion.
Neptun ♆	Spiritualität, Ideale, Vertrauen, Gelassenheit, Träumerin, Sensibilität.
Pluto ♇	Macht und Ohnmacht, Tabus, Geheimnisse, intensive Prozesse, Sexualität, der Schatten in uns.

Tabelle 2

Stichworte für die Deutung der astrologischen Häuser

Haus	Stichworte
1. Haus	Auftreten, Image, Erscheinungsbild Selbstdurchsetzung.
2. Haus	Werte, Besitz, Talente, Eigenwert, Sicherheit.
3. Haus	Denken, Sprache, intellektueller Ausdruck, Austausch, Kommunikation.
4. Haus	Herkunft, Familie, Privatleben, Innenleben, Tradition.
5. Haus	Spontaner Selbstausdruck, Kinder, Spiel, Spaß, Abenteuer, Risikofreude, Flirt.
6. Haus	Arbeit und Gesundheit, Routine, Alltagsbewältigung.
7. Haus	Partnerschaft, Bindungen und Verträge.
8. Haus	Stirb- und Werdeprozesse, psychische Intensität, Sexualität.
9. Haus	Bildung, Sinnfindung, Philosophie, Reisen, Lebensstil, Weltanschauung, Religion.
10. Haus	Beruf und Berufung, gesellschaftliche Verwirklichung, weltliches Ziel.
11. Haus	Gleichgesinnte, Freunde, Pläne und Zukunftsvisionen.
12. Haus	Innenwelt, Traumwelt, Isolation, Spirituelles.

Tabelle 3

Stichworte für die Deutung der Tierkreiszeichen

Tierkreiszeichen	Stichworte
♈ Widder	Energisch, impulsiv, direkt, mutig, ungeduldig, aktiv.
♉ Stier	Standfest, genussvoll, willenskräftig, stur, sicherheitsbedürftig.
♊ Zwilling	Neugierig, interessiert, gesprächig, lernbegierig, flexibel.
♋ Krebs	Gefühlvoll, empfindsam, kindlich oder mütterlich, launisch, bedürftig.
♌ Löwe	Großzügig, stolz, selbstbewusst, spontan, kreativ.
♍ Jungfrau	Sensibel, Tüftler, kritisch, realistisch, beobachtend.
♎ Waage	Liebenswürdig, diplomatisch, ästhetisch, harmoniebedürftig, ausgleichend.
♏ Skorpion	Tiefgründig, leidenschaftlich, verschlossen, intensiv, forschend.
♐ Schütze	Weltoffen, optimistisch, weitblickend, tolerant.
♑ Steinbock	Ernsthaft, streng, ausdauernd, konsequent, realistisch, zuverlässig, kühl, statusbewusst.
♒ Wassermann	Freundschaftlich, rebellisch, freiheitsdurstig, unverbindlich, originell, exzentrisch.
♓ Fische	Fantasievoll, träumerisch, medial, sensitiv, idealistisch, einfühlsam, mitleidend, empfindlich.

Tabelle 4

Natürliche Zuordnung der Planeten zu den Häusern und Tierkreiszeichen

Planet →	Haus →	Tierkreiszeichen
♂ Mars	1. Haus	♈ Widder
♀ Venus	2. Haus	♉ Stier
☿ Merkur	3. Haus	♊ Zwilling
☽ Mond	4. Haus	♋ Krebs
☉ Sonne	5. Haus	♌ Löwe
☿ Merkur	6. Haus	♍ Jungfrau
♀ Venus	7. Haus	♎ Waage
♇ Pluto	8. Haus	♏ Skorpion
♃ Jupiter	9. Haus	♐ Schütze
♄ Saturn	10. Haus	♑ Steinbock
♅ Uranus	11. Haus	♒ Wassermann
♆ Neptun	12. Haus	♓ Fische

Tabelle 5
Stichworte für die Aspektdeutung

Aspekte zur Sonne:

☉ + ☽	Bewusst und unbewusst, wollen und empfinden, Vaterbild und Mutterbild, echt, spontan, inneres Wünschen im Einklang mit äußeren Ambitionen.
☉ + ☿	Persönliche Ziele und Logik, (nur Konjunktion möglich, da Merkur immer in Sonnennähe), sich klar ausdrücken können, subjektives Denken, eigene Meinung haben.
☉ + ♀	Selbstverwirklichung und Ästhetik, Harmoniebedürfnis, liebenswürdig, warmherzig, kompromissbereit. (nur Konjunktion als Hauptaspekt möglich).
☉ + ♂	Persönlichkeit und Durchsetzung, schwungvoll, begeisterungsfähig, rasch entschlossen, vital, ungeduldig, zornig.
☉ + ♃	Selbstverwirklichung und Glücksstreben, Wunsch und Erfüllung, schwungvoll, begeisterungsfähig, sozial, vertrauenerweckend, großzügig, Wunsch nach Reichtum, maßlos.
☉ + ♄	Selbstverwirklichung und Pflicht, Bewusstsein und Verantwortungsgefühl, ernst, vorsichtig, diszipliniert, stabil, gehemmt, verbissen.
☉ + ♅	Selbstverwirklichung und Freiheit, originelle Persönlichkeit, unkonventionell, sprunghaft, innovativ, unruhig, überdreht, großes Unabhängig-keitsbedürfnis, schnelle Reaktionen.
☉ + ♆	Selbstbewusstsein und Fantasie, Selbstverwirklichung und Ideale, sensibel, empfänglich, unrealistisch, Sinn für Mystisches und Spiritualität, täuschend, fantasievoll, verträumt, Suchtgefahr.

☉ + ♇	Selbstverwirklichung und Macht, energiegeladen, detektivischer Spürsinn, geheimnisvoll, extrem, schicksalhaftes Erleben, verschwiegen, geht bis an die Grenzen und darüber hinaus, machthungrig oder Angst vor Macht, gerecht.

Aspekte zum Mond:

☽ + ☿	Bauch und Kopf, Gefühl und Logik, literarisch, lebensnah, geschickt, gesunder Menschenverstand.
☽ + ♀	Gefühl und Schönheitssinn, mütterliches Frauenbild und erotisches Frauenbild, zärtlichkeitsbedürftig, passiv, romantisch, Kunstsinn, weiblich.
☽ + ♂	Passivität und Aktivität, Psyche und Körper, Gefühl und Wille, spontan, reizbar, verletzbar, ungeduldig, unbeherrscht.
☽ + ♃	Gefühl und Idealvorstellung, Passivität und Hoffnung, mag keine Anstrengung, Geborgenheitswunsch und Sinn, großherzig, erwartungsvoll, übertreibend.
☽ + ♄	Gefühl und Pflicht, weich und hart, Erwartung und Tatsache, gewissenhaft, schwerblütig, treu, zäh, einsam, traurig, skeptisch, klare Empfindungen, gefühlsstabil.
☽ + ♅	Seele und Geist, Geborgenheitswunsch und Freiheitswunsch, Laune und Unruhe, kameradschaftlich, sprunghaft, trotzig, undiszipliniert, innerlich frei.
☽ + ♆	Gefühl und Ahnung, Menschenliebe und übermenschliches Ideal, träumerisch, künstlerisch, medial, eingebildete Ängste, sensibel, hilfsbereit, macht sich Illusionen.

| ☽ + ♇ | Gefühl und Zwang, regenerationsfähig, intensiv, die leidenschaftliche Mutter, auffressend oder aufgefressen werden, psychologische Fähigkeiten. |

Aspekte zu Merkur:

☿ + ♀	Verstand und Ästhetik, Nützlichkeitsdenken und Schönheitssinn, Sprache und Liebe, charmant, taktvoll, Konfliktscheu.
☿ + ♂	Denken und handeln, reden und kämpfen, witzig, diskussionsfreudig, Schnelldenker, spontane Ideen umsetzen können.
☿ + ♃	Zweck und Sinn, Klugheit und Weisheit, Wissen und Glauben, Praxis und Theorie, methodisch, wortreich, praktische Lebensphilosophie.
☿ + ♄	Schüler und Lehrer, Logik und Erfahrung, Kommunikation und Geduld, gedankenschwer, wissenschaftlich, Minderwertigkeitsgefühle, lernt langsam aber gründlich, Angst nicht genug zu wissen.
☿ + ♅	Kommunikation und Inspiration, Gedankenwelt und Freiheit, erfinderisch, modern, innovativ, listig, Improvisationstalent, unkonzentriert, mit den Gedanken immer schon weit voraus, Gedankenkarusell.
☿ + ♆	Logik und Traumwelt, denken und träumen, kann die richtigen Worte finden, einfühlsam, empfänglich für Schmeicheleien, spürt hinter den Worten.
☿ + ♇	Wissen und Macht, wahrheitssuchend, mit Worten manipulieren oder manipuliert werden, Forscher, tiefgründiger Denker, durchdringender Blick, Angst dumm zu sein, mit Worten heilen oder zerstören.

Aspekte zur Venus:

♀ + ♂	Passivität und Aktivität, Erotik und Sexualität, Harmoniebedürfnis und Eigenwille, charmant, sinnlich, dramatisch.
♀ + ♃	Liebe und Hoffnung, Genuss und Sinnsuche, geben und nehmen, kultiviert, freundlich, entgegenkommend. Wünscht sich ein sorgloses, angenehmes Leben.
♀ + ♄	Liebe und Pflicht, Selbstwert und Verantwortung, Genuss und Zurückhaltung, treu, melancholisch, sich Selbstwert (Werte) erarbeiten, sich ungeliebt fühlen, liebt klare Formen, Qualität vor Quantität, sicherheitsbedürftig.
♀ + ♅	Liebe und Freiheit, Wärme und Kälte, tolerant, individualistisch, unverbindlich, freie Liebe, Unabhängigkeit genießen.
♀ + ♆	Irdische Liebe und himmlische Liebe, Harmoniebedürfnis und Ideale, musikalisch, romantisch, künstlerisch, schwärmerisch, stimmungsabhängig, die Traumfrau, die Aufopferungsvolle.
♀ + ♇	Aufblühen und absterben, Liebe und Dämonie, Genuss und Gefahr, Verlustangst, Liebe und Macht, attraktiv, leidenschaftlich und erotisch, festklammernd, Angst vor Hingabe, die faszinierende Frau.

Aspekte zum Mars:

♂ + ♃	Wille und Toleranz, Durchsetzung und Glück, Tatkraft und Sinnsuche, ritterlich, begeistert, streitlustig, ehrlich.

♂ + ♄	Energie und Widerstand, Antrieb und Blockierung, Tatkraft und Disziplin, ehrgeizig, willensstark, diszipliniertes/vorsichtiges Handeln, aufgestaute Wut, blockierte Durchsetzung, kann sich abgrenzen.
♂ + ♅	Durchsetzung und Freiheitsdrang, Mut und Rebellion, sehr schnelle Reaktionen, durchschla-gend, ungeduldig, aufgeregt, hoher Energiepegel, zappelig, Handeln auf die Zukunft gerichtet.
♂ + ♆	Tat und Traum, Aggression und Mitleid, stark und schwach, Tatkraft und Sensibilität, selbstlos, theatralisch, romantischer Held, vorgetäuschte Aktion, einfühlsames Handeln, Ego-los, hilfsbereit, traut sich nicht sich durchzusetzen.
♂ + ♇	Tatkraft und Machtwille, Durchsetzung und Leidenschaft, ehrgeizig, widerstandsfähig, leistungsbewusst, gewaltbereit, selbstzerstörerisch, machtvolle Durchsetzung, Angst vor Durchsetzung und Gewalt, Täter - Opfer, Grenzen der Leistungsfähigkeit erforschen, Tabus aufdecken.

Aspekte zum Jupiter:

♃ + ♄	Optimismus und Pessimismus, Wachstum und Konzentration, Großzügigkeit und Geiz, Durchhaltevermögen, langsames und beständiges Wachstum, realistische Wünsche, Glaubensfestigkeit.
♃ + ♅	Optimismus und Freiheit, Toleranz und Exzentrik, Glücksritter, unkonventionell, utopisch, tolerant, übersteigertes Freiheitsbedürfnis, glaubt an die Zukunft.
♃ + ♆	Sichtbares und unsichtbares Glück, Ethik und Vollkommenheit, Schutzengelmotiv, starker Idealismus, mitmenschlich eingestellt, Glaube an die Vorsehung

♃ + ♇	Licht und Schatten, Himmel und Hölle, Recht und Gewalt, gut und böse, mitreißend, missionarisch, massenwirksam, Eifer.

Aspekte zu Saturn:

♄ + ♅	Vergangenheit und Zukunft, Tradition und Fortschritt, Bewährtes und Neues, Reformer, Gesetze übertreten, neue Ideen in die Tat umsetzen. Freies Leben im Rahmen des Machbaren.
♄ + ♆	Sichtbares und Unsichtbares, Irdisches und Himmlisches, Realwelt und Traumwelt, vertrauenswürdig, opferbereit, geheimnisvoll, verschlossen, kann alte Muster auflösen, kann Spiritualität leben, kann sich schwer abgrenzen.
♄ + ♇	Angst und Verdrängung, Stabilität und Wandel, Selbstkontrolle, Gerechtigkeitssinn, der Schamane, in Krisenzeiten stabil bleiben, Angst Kontrolle zu verlieren, Autoritätsprobleme, Bereitschaft auch Wandlungserfahrungen durchzustehen.

<u>Generationsaspekte</u> - Auswirkungen gesellschaftlicher Art für eine ganze (Aspekt)-Generation. Das Thema betrifft alle Menschen einer Altersgruppe, daher werden diese Aspekte nur dann im persönlichen Horoskop gedeutet, wenn sie in weitere Aspekte eingebunden sind, beispielsweise zu den Achsen oder zu persönlichen Planeten. ↓

♅ + ♆	Freiheit und Mitgefühl, Ungeduld und Gelassenheit, geistige und psychische Energien.
♅ + ♇	Umsturz und Abgrund, Freiheit und Macht, Schatten abrupt ans Licht zerren, Wandel der Technik.
♆ + ♇	Auflösung und Neubeginn, spirituelle Macht, Massenströmungen, Auflösung von Machtstrukturen.

Leerer Horoskopkreis

Den dürfen Sie sich kopieren für eigene Horoskopzeichnungen

Name:____

Geburtsdatum:_______________________________________

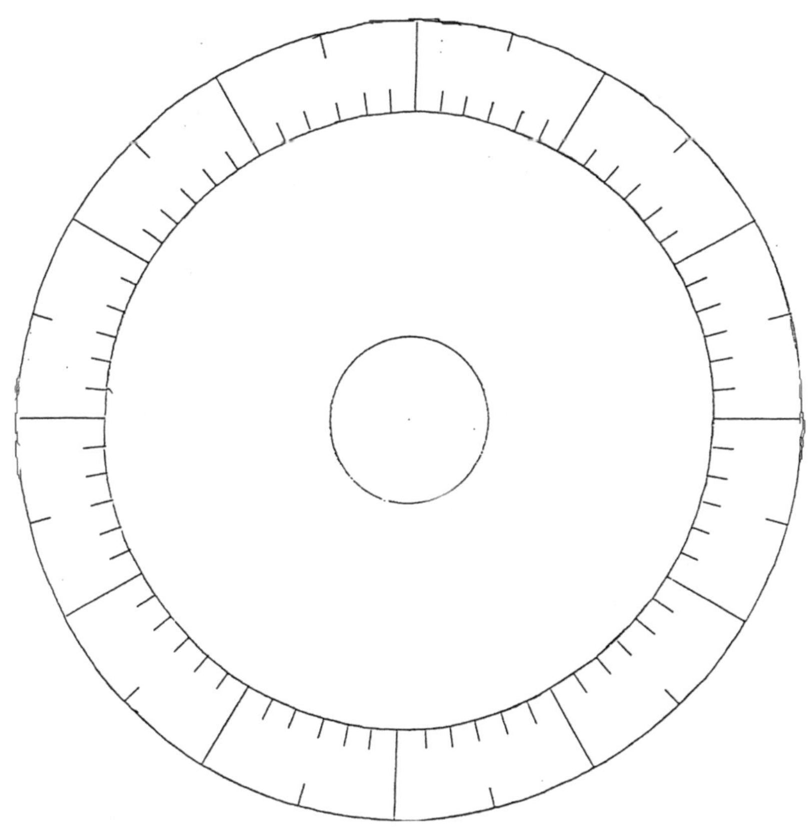

Bezugsquellen für Software und Radix

> ➤ Möglichkeit sich kostenlos ein Radix auszudrucken: www.horoskopeserver.de - Menüpunkt: Profizeichnungen
> ➤ Hier kann man sich ebenfalls ein kostenloses Radix ausdrucken: www.astro.com
> ➤ Astrologische Berechnungssoftware: www.galiastro.de

Die Lehrbuchreihe: Astrologie-Ausbildung

Mit diesem Band 10 ist die Lehrbuchreihe abgeschlossen.

Literaturempfehlungen

Folgende Bücher sind zur Vertiefung des Wissensstandes geeignet. Die Liste erhebt jedoch keinen Anspruch auf Vollständigkeit:

Partnerschaft

Robert Hand: Planeten im Composite

Mona Rigger: Handbuch der Combin- und Composite-Deutung

Markus Jehle: wenn Liebe die Planetenbahnen lenkt

Stephen Arroyo: Astrologie und Partnerschaft

Hajo Banzhaf / Brigitte Theler: Du bist alles was mir fehlt (Suchbild und Selbstbild im Horoskop

Schatten und Karma

Heidi Dohmen: : Astrologische Lebensaspekte

Haydn Paul: Mysterien des 8. Hauses

Jeff Green: Pluto

Marcus Jehle: Wenn unten nicht wie oben ist

Donna Cunningham: Astrologie und spirituelle Entwicklung

Erin Sullivan: Rückläufige Planeten

Jean Claude Weiss /Verena Bachmann: Pluto Das Erotische und Dämonische

Heidi Treier: Karma im Horoskop

J. Claude Weiss: Karmische Horoskopanalyse Band 1

Sitara Mittag: Wo kommst du her, wo gehst du hin? Die Mondknoten im ...

Karen Hamaker - Zondag: Die Yod Figur

Tracy Marks: Schwierige Aspekte

Tracy Marks: Dein verborgenes Selbst

Donna Cunningham: Pluto - Probleme

Kinder

Anita Cortesi: Kinderhoroskope deuten und verstehen

Lilith

Lianella Livaldi Laun: Lilith

Astrologische Grundlagenwerke
Markus Jehle: Wenn der Mond im siebten Hause steht...
J. Claude Weiss: Horoskopanalyse Band 2 (Aspekte im Geburts-
bild)
Brigitte Eichenberger: Astrologie – Fibel
Hajo Banzhaf / Anna Haebler: Schlüsselworte zur Astrologie
Dane und Leyla Rudhyar: Astrologische Aspekte
Tracy Marks: Astrologie der Selbstentdeckung
Daniela Weise / Klemens Ludwig: das große Lexikon der Astro-
logie

Gesundheit
Andre Hammon: Astrologische Gesundheitsfibel
Jane Ridder-Patrick: Praktische Astro-Medizin

Tabellenwerke für den Astrologen
Die globalen Häusertabellen – ISBN 3-502-68831-1
The New International Ephemerides 1900-2050 ISBN 2-910049-01-9
The International Atlas – ISBN 0-935127-46-1

keine Astrologiebücher, aber trotzdem interessant...
Leonhard Schlegel: die Transaktionale Analyse
Louise L. Hay: Gesundheit für Körper und Seele
Louise L. Hay: Das Körper und Seele Programm
Rüdiger Dahlke: Krankheit als Symbol

Über die Autorin

Angela Mackert, geboren 1952 in Karlsruhe, ist geprüfte Astrologin DAV. Seit vielen Jahren ist sie im spirituellen Bereich lehrend und beratend tätig. Sie unterrichtet Astrologie und Numerologie als auch im Kartenlegen mit Zigeuner-Wahrsagekarten, Kipperkarten, Lenormandkarten und Tarot. Bei Interesse an Seminaren und Ausbildungen können Sie sich auf der Homepage der Autorin informieren: http://www.astrologie-kunststudio.de

Weitere Veröffentlichungen der Autorin Angela Mackert

Sachbücher:
Zigeuner Wahrsagekarten-Set:
Ein Kurs im Kartenlegen für Einsteiger
Bassermann Verlag, November 2012
ISBN 978-3-8094-3025-4

Neue Legesysteme
100 neue Legesysteme für Orakelkarten aller Art
Books on Demand GmbH, Dezember 2010
ISBN 978-3842326743

Unter dem Pseudonym »Katrin Groje« erschien außerdem:
Neuzeitliches Losbuch
Wahrsagespiel nach mittelalterlichem Vorbild
TextLustVerlag, Februar 2013
ISBN 978-3-943295-58-0

Belletristische E-Books (Kindle und epub):
Lili Dix und das Zeichen des Adlers
Das Licht der Dämonen
Die Farbe der Dunkelheit
Die Liebe kam unerwartet

Daneben schrieb die Autorin diverse Beiträge in Anthologien.
Auf der Homepage von Angela Mackert können Sie sich auch
über die bisher erschienenen Bücher informieren:
www.astrologie-kunststudio.de